中国数字乡村

理论、实践与案例

李道亮 主编

Digital Villages in China

中央党校出版集团　大有书局

图书在版编目（CIP）数据

中国数字乡村：理论、实践与案例 / 李道亮主编. 北京：大有书局, 2025.6. -- ISBN 978-7-80772-218-2

Ⅰ. F320.3-39

中国国家版本馆CIP数据核字第20255RR202号

书　　名	中国数字乡村：理论、实践与案例
作　　者	李道亮　主编
策划编辑	孟宪爽
责任编辑	吴春艳
责任校对	李盛博
责任印制	耿中虎
出版发行	大有书局
	（北京市海淀区长春桥路6号　100089）
综 合 办	(010) 68929273
发 行 部	(010) 68929805　68922233
经　　销	新华书店
印　　刷	北京盛通印刷股份有限公司
版　　次	2025年6月北京第1版
印　　次	2025年6月北京第1次印刷
开　　本	710毫米×1000毫米　1/16
印　　张	16
字　　数	219千字
定　　价	66.00元

本书如有印装问题，可联系调换，联系电话：(010) 68929847

编委会

主　编：李道亮

副主编：李　岩　栾志强　王萍萍

编　委（按姓氏笔画排序）：

　　　　宁鹏飞　刘　冰　齐　岩　张彦军

　　　　李上红　侯翱宇　顾卓尔　柴　利

前言

全球数字经济正在快速发展，成为推动各国经济复苏的重要力量和新生动能。全球各国加快推动数字经济重点领域发展，在数字技术与产业、产业数字化、数据要素等领域积极抢抓发展机遇。我国数字经济规模总量位居世界第二，目前正以更加开放的姿态，积极参与全球数字经济治理，推动数字经济与实体经济深度融合，为全球经济发展注入新的活力。数字经济不仅推动了传统经济的转型升级，还为乡村振兴注入了新的动能。习近平总书记在党的二十大报告中提出要"加快发展数字经济，促进数字经济和实体经济深度融合"，这为数字乡村建设提供了指导思想。数字乡村建设旨在推动农村的生产、生活和生态的和谐共生，是推动农业农村现代化、缩小城乡数字鸿沟、提高农民生活质量、促进乡村振兴的重要内容，也是建设数字中国的关键环节。

国家高度重视数字农业农村发展，通过一系列政策文件和行动计划的实施，数字乡村建设正在稳步推进，为实现农业农村现代化和乡村振兴目标奠定了坚实基础。《数字乡村发展战略纲要》和《乡村振兴战略规划（2018—2022年）》明确提出要实施数字乡村战略，大力发展数字农业。《数字乡村发展行动计划（2022—2025年）》进一步部署了科学规划、合理安排数字乡村建设重点任务和工程，结合各地发展基础、区位条件、资源禀赋，分类有序推进数字乡村发展。中央网信办等多部门联合印发了《2023年数字乡村发展工作要点》和《2024年数字乡村发展工作要点》，要求以信息化驱动引领农业农村现代化，促进农业高质高效、乡村宜居宜业、农民富裕富足。《数字乡村建设指南1.0》和

《数字乡村建设指南2.0》的印发，为各地提供了具体的实施指导，确保数字乡村建设的科学性和有效性。乡村振兴对数字化的需求是迫切的，数字化在推动乡村振兴的基础设施建设、产业发展、乡村文化、乡村治理、绿色发展等方面发挥着至关重要的作用。

到2023年，数字乡村建设取得阶段性成果，但在实践中仍需克服多方面的挑战，通过加大资金投入、培养本地人才、提升科技创新能力、优化基础设施建设、强化统筹协调以及完善政策体系等措施，才能实现高质量的数字乡村建设目标。2024年中央一号文件提出要"强化农业科技支撑""持续实施数字乡村发展行动""缩小城乡'数字鸿沟'""强化农业科技人才和农村高技能人才培养使用"。数字乡村建设是一项长远的历史任务，目前对新发展阶段数字乡村的认识和新理念的系统梳理和总结较少，滞后于新发展的实践，可供参考的资料并不多。

本书共分三个部分，理论篇、实践篇和案例篇，在对基本概念、数字乡村的发展现状、国外的数字乡村发展方面的经验介绍的基础上，聚焦数字乡村建设的主要功能和要素，系统全面地阐述了数字乡村体系，并选取汇总了优秀的实践案例，指导读者提升实操能力。

理论篇共有三个章节，阐述了数字乡村的基本概论、国际发展规律，以及中国数字乡村发展现状和未来展望。首先是数字乡村的背景、意义、内涵、发展模式及相关理论和政策方面的内容。其次是选取了美国、日本、德国、荷兰、以色列、英国和巴西等国家，对其数字乡村发展的经验启示进行介绍。最后是结合我国数字乡村发展现状，对数字乡村建设面临的挑战提出路径和建议。

实践篇共有八个章节，准确构架了数字乡村的实施体系，从基础设施、数据资源管理、智慧农业、新业态、数字文化、治理数字化、服务体系和绿色发展八个方面系统介绍了数字乡村建设的主要功能和要素。基础设施建设包含数字基础设施建设、传统设施升级、云计算和物联网三个主要方面的内容；数据资源管理主要是对大数据的标准、采集和应用进行了介绍；智慧农业章节是从种植、畜牧、渔业和农产品加工展开；新业态主要聚焦电子商务的发展和创新；数字文化、数字治理、数字服务和绿色发展四个章节都分别重点介绍了具体包含的主要内容和任务。

案例篇共有四个章节，涵盖了综合发展、产业振兴、乡村治理数字化和绿色发展数字化四个系列案例，其中包括北京、广东、江苏、福建、重庆、陕西、江西、山东、山西、河北、浙江、黑龙江、贵州13个省份的典型做法和经验，为全国各地的数字乡村建设未来的创新发展提供借鉴。

由于该书涉及的知识面广泛，书中难免存在不妥之处，敬请各位行业同人、读者朋友不吝赐教，我将虚心听取各种意见和建议，以便在修订中使本书更趋完善。希望本书的出版可以促进不同学科的相互学习和交流。

李道亮

2024年8月

目录 CONTENTS

▶ 理论篇 ◀

第一章　数字乡村建设概论　/ 003
　　第一节　数字乡村演进背景与重要意义　/ 003
　　第二节　数字乡村的内涵　/ 009
　　第三节　数字乡村发展的主要模式　/ 014
　　第四节　数字乡村发展的理论与政策　/ 016

第二章　数字乡村发展的国际规律　/ 022
　　第一节　美国　/ 022
　　第二节　日本　/ 026
　　第三节　德国　/ 030
　　第四节　荷兰　/ 033
　　第五节　以色列　/ 036
　　第六节　英国　/ 039
　　第七节　巴西　/ 042
　　第八节　世界数字乡村发展给予中国的经验与启示　/ 046

第三章　中国数字乡村发展现状与未来　/ 055
　　第一节　中国数字乡村发展的现状　/ 055

第二节　中国数字乡村发展的困境与挑战　/ 058

第三节　中国数字乡村发展的路径与建议　/ 064

第四节　中国数字乡村发展的未来与展望　/ 069

▶ 实践篇 ◀

第四章　数字乡村基础设施建设　/ 075

第一节　数字乡村基础设施建设　/ 075

第二节　传统基础设施数字化升级　/ 082

第三节　云计算和物联网　/ 084

第五章　数据资源和大数据　/ 087

第一节　大数据标准规范的完善　/ 087

第二节　大数据采集体系不断扩展　/ 094

第三节　大数据分析应用体系建设持续完善　/ 098

第四节　单品全产业链大数据建设多点开花　/ 101

第五节　大数据系统应用广泛　/ 104

第六章　智慧农业　/ 111

第一节　种植业数字化　/ 111

第二节　畜牧业数字化　/ 113

第三节　渔业数字化　/ 115

第四节　农产品加工数字化　/ 117

第七章　数字乡村经济新业态　/ 120

第一节　农村电子商务推动经济增长　/ 120

第二节　农村电子商务模式创新　/ 123

第三节　特色农业产业催生农村经济新业态　/ 125

　　　第四节　乡村智慧旅游助力乡村振兴　/ 127

第八章　乡村数字文化　/ 129

　　　第一节　乡村数字文化的要点　/ 129

　　　第二节　乡村数字文化发展现状　/ 134

　　　第三节　乡村数字文化建设主要任务　/ 135

第九章　乡村治理数字化　/ 138

　　　第一节　数字党建，乡村治理持续深化　/ 138

　　　第二节　数字政务，构筑服务体系　/ 143

　　　第三节　数字乡村智治，推动全民监督　/ 147

　　　第四节　数字化管理，智慧社区服务集成　/ 150

　　　第五节　网格化管理，筑牢平安乡村　/ 153

　　　第六节　数字应急调度，完善应急管理　/ 156

第十章　数字乡村服务体系打造　/ 161

　　　第一节　教育数字化发展，推动教育转型　/ 161

　　　第二节　整合医疗资源，加快建成多层次卫生服务体系　/ 163

　　　第三节　增强数字化水平，持续助力社保就业纾困解难　/ 164

　　　第四节　丰富文化生活，稳步推进文化传承提档升级　/ 166

　　　第五节　创新金融服务，加强提升乡村信用建设　/ 168

第十一章　数字技术与绿色发展　/ 170

　　　第一节　数字技术助力乡村河湖管理工作　/ 170

第二节　数字技术保障乡村林木生态安全　／173
第三节　数字技术提升乡村应急防灾能力　／175
第四节　数字技术维护乡村良好人居环境　／178

▶ 案例篇 ◀

第十二章　综合发展类　／183

第一节　北京平谷：科技赋能，打造智慧农业标杆　／183
第二节　广东徐闻：数字化"菠萝的海"的高质量
　　　　发展　／187
第三节　江苏东海：数字化转型与治理创新　／191
第四节　福建安溪：数字"大脑"引领闽西南经济
　　　　新飞跃　／197

第十三章　产业振兴类　／200

第一节　重庆梁平：智慧农业引领乡村振兴，打造
　　　　鱼菜共生数字农业新范本　／200
第二节　陕西柞水：木耳产业迈向高质量发展的
　　　　新篇章　／203
第三节　江西广丰：数字赋能，柚农"智"富　／206
第四节　山东高青：数字化赋能黑牛产业全链发展　／209

第十四章　乡村治理数字化　／212

第一节　山西岢岚：数字乡村建设经验与模式　／212
第二节　河北永清：构建"一网五治"基层社会治理
　　　　新体系　／215
第三节　浙江德清：数字赋能乡村智治　／218

第十五章 乡村绿色发展数字化 / 221
  第一节 黑龙江建三江：打造农业新质生产力实践地 / 221
  第二节 贵州余庆：数字赋能"小特产"升级
     "大产业" / 226

参考文献 / 230

理论篇

☐ 数字乡村建设概论

☐ 数字乡村发展的国际规律

☐ 中国数字乡村发展现状与未来

第一章
数字乡村建设概论

第一节 数字乡村演进背景与重要意义

一、时代呼唤数字乡村建设

数字乡村的提出符合历史发展规律，具有鲜明的时代背景。数字乡村的发展与网络化、信息化和数字化在农业农村经济社会发展中的应用，以及农民现代信息技能的提高紧密相关。数字乡村的发展是农业农村现代化发展和转型的必经阶段，既是乡村振兴的战略方向，也是数字中国建设的重要方面。

（一）全球已进入数字经济时代

全球数字经济正在经历快速的发展和变革，呈现强劲的增长势头和明显的多极化趋势，各国政府正在通过优化政策和加强基础设施建设来推动这一领域的发展。同时，数字技术与实体经济的深度融合，为全球经济复苏和发展提供了新的动力。

数字经济已成为全球经济增长的重要引擎，尤其在后疫情时代，其对经济增长的贡献更加显著。中国信通院会上发布的《全球数字经济白皮书（2024年）》显示，2023年，美国、中国、德国、日本、韩国5个国家数字经济总量超33万亿美元，同比增长超8%[1]。2024年至2025年全球数字产业收入增速预计将出现回升。各国正在加快数字基

---

[1] 国务院新闻办公室：《数字经济将迎来多重政策利好》，http://www.scio.gov.cn/live/2024/34328/xgbd/202407/t20240716_855424.html，2024年7月3日。

础设施建设，如5G网络、数据中心等，以支持数字经济的进一步发展。数字技术与实体经济的深度融合正在推动新的产业和商业模式的形成。例如，5G技术正推动万物互联，增加对数据中心、云计算和人工智能的需求。数字经济已成为国际合作和竞争的新领域。发达国家如欧盟、美国、英国在数字经济国际合作中扮演着重要角色，而中国则通过加入数字经济伙伴关系协定（DEPA）等方式，积极参与国际合作。

各国政府正在制定更加明晰和完善的数字经济政策，以促进数字产业化创新升级、加快产业数字化深度融合、完善数据要素市场建设等。全球数字经济呈现多极化趋势。美国、中国和欧洲是全球数字经济的三大中心，其中美国的数字经济规模最大，达到17.2万亿美元，中国紧随其后，规模为7.5万亿美元[1]。中美两国占有全球50%超大规模数据中心，是全球5G应用比例最高的国家，截至2023年，两国的人工智能初创企业资金占全球94%，拥有70%的世界顶级人工智能研究人员，以及近90%全球最大数字平台的市值。

2022—2023年我国数字经济取得突破式发展，不论是规模还是GDP占比都有所提高。2022年，我国数字经济规模达到50.2万亿元，同比名义增长10.3%，连续11年显著高于同期GDP名义增速，GDP占比已与第二产业持平，达到41.5%[2]。2023年我国数字经济核心产业增加值预计超过12万亿元，GDP占比为10%左右[3]。数字基础、数字产业、数字治理等指标高位增长，数字融合、主体活力、民众参与等指标稳中有进。"综合数据整体来看，数字经济对经济社会发展'加速器'作用日益凸显。数字经济全要素生产率也进一步提升。"2022年，我国数字经济全要素生产率为1.75，比2012年提升了0.09，数字经济生产

---

[1] 中国通信院：《全球数字经济白皮书（2023年）》，http://www.caict.ac.cn/kxyj/qwfb/bps/202401/P020240326601000238100.pdf，2024年。
[2] 《数字中国发展报告（2022年）》，中国网信网，https://www.cac.gov.cn/2023-05/22/c_1686402318492248.htm，2023年5月23日。
[3] 国家数据局：《数字中国发展报告（2023年）》，https://dsj.hainan.gov.cn/zcfg/zybs/202407/P020240702634332722542.pdf，2024年。

率水平和同比增幅都显著高于整体国民经济生产效率,对国民经济生产效率提升起到支撑、拉动作用①。

(二) 我国农业农村现代化发展进入了新征程

我国在农业农村现代化方面取得了显著进展,并在粮食安全、农业经济增长、农业科技和基础设施建设、乡村全面振兴战略及政策和领导方面采取了多项有效措施。这些成就和措施为实现农业强国的目标奠定了坚实基础。

2023年,中国农业经济保持稳定增长,第一产业增加值达到8.9755万亿元,增长4.1%。农林牧渔业总产值达到10.09747万亿元,其中农业总产值为5.36855万亿元②。我国农村居民人均可支配收入增速连续11年超过城镇居民,"十三五"期间农民收入年均实际增长6%,高于城镇居民,城乡居民收入差距在不断缩小。农村居民生活水平发生了翻天覆地的变化,2020年完成了全部脱贫。"十三五"规划的圆满完成,标志着"十四五"期间我国"三农"工作的重心,已从脱贫攻坚转向全面实施乡村振兴、数字乡村建设。

粮食产量连续9年稳定在1.3万亿斤以上,2023年达到1.39082万亿斤,增长1.3%③。此外,大豆油料作物种植面积和产量也呈现增长趋势,确保了国家粮食安全。农田水利基础设施建设得到加强,高标准农田建设和黑土地保护工作成效显著。这些措施为粮食持续增产提供了有力保障。中央农村工作会议强调了加强党对"三农"工作的全面领导,以及锚定建设农业强国的目标。会议提出了确保粮食和重要农产品稳定安全供给的重要性,并强调了把乡村振兴作为建设农业强国的基础性工程。2024年中央一号文件提出了一系列措施,包括确保国家粮食安

---

① 《我国数字经济规模首次突破50万亿元》,中国日报网,http://cn.chinadaily.com.cn/a/202305/19/WS64672162a310537989375007.html,2023年5月19日。

② 国家统计局:《2023年国民经济回升向好 高质量发展扎实推进》,中国政府网,https://www.gov.cn/lianbo/bumen/202401/content_6926483.htm,2024年1月17日。

③ 新华社:《我国粮食连续九年稳定在1.3万亿斤以上》,中国政府网,https://www.gov.cn/lianbo/bumen/202312/content_6919554.htm,2024年1月17日。

全、防止规模性返贫、提升乡村产业发展水平、乡村建设水平和乡村治理水平。这些措施旨在推动乡村全面振兴，加快农业农村现代化进程。

（三）乡村建设进入数字驱动新阶段

农业农村数字化转型升级方面取得了显著成就，这些成就不仅体现在政策支持和战略规划上，而且涵盖了数字农业和数字乡村的全面发展、农村电商和数字经济的兴起，以及基础设施和服务供给的显著改善。这些进展为中国农业农村现代化发展奠定了坚实基础。

数字农业是农业现代化的核心，利用5G、物联网、大数据等现代信息技术，实现对农业对象、环境和全过程的可视化表达、数字化设计和信息化管理。这不仅促进了传统农业向现代农业的转型，还有助于产业结构的优化升级，并显著提高了农业生产效率。农村网络设施建设和服务供给的提升为数字化转型创造了条件。例如，宽带中国和普遍服务等计划有效提升了数字基础设施与服务的发展水平，特别是在农村地区的渗透和应用。农村电子商务的发展为农业农村数字化提供了强大动力，促进了农村新产业、新业态和新商业模式的发展。例如，电商直播成为农产品销售的重要渠道，有效带动了农村电商生态链的发展，包括物流、仓储、加工等配套产业的完善。

数字乡村建设是农村现代化的基础，涉及网络化、数字化和信息化在农业农村经济社会发展中的应用，包括加强农民数字素养与技能培训、推动"互联网+政务服务"向乡村延伸、拓展农业农村大数据应用场景等。党中央高度重视农业农村的数字化转型，出台了《数字乡村发展战略纲要》等政策文件，旨在通过数字技术推动农业和农村经济社会的发展。这些政策强调了农业农村现代化的重要性，并提出了具体的战略目标和实施路径。

二、数字乡村建设的战略意义

（一）数字乡村是实现数字中国的重要组成内容

数字乡村的建设不仅推动了乡村的现代化进程，也为实现数字中国的长远目标提供了重要支撑。近年来，中国在数字乡村建设方面取得了显著进展。例如，到2022年底，5G网络已覆盖所有县城城区，实现了"村村通宽带"和"县县通5G"。此外，在农村电商引领乡村数字经济发展的基础上，乡村新业态不断涌现，2023年全国农村网络零售额达到2.49万亿元，较2019年的1.70万亿元实现了年均10.01%的增长。2019—2023年，我国农村网络零售额占乡村消费品零售总额比重从28.4%稳步提升至38.9%[①]。通过数字技术的应用，乡村地区在基础设施、农业生产、文化发展、治理能力等多个方面得到了显著提升。数字乡村与数字中国的发展密切相关，数字乡村的建设是乡村振兴和数字中国建设的重要内容。这一策略的实施涉及多个方面，包括建设数字乡村基础设施、推进智慧农业、推广乡村新业态、推进并提升乡村治理数字化水平、提升乡村网络文化、推进乡村数字惠民服务、建设绿色乡村及优化数字乡村发展环境等。数字乡村的发展有助于缩小城乡间的差距，促进城乡融合。通过科技创新和数字技术的应用，优化资源配置，促进一二三产业融合发展，实现城乡共建共享，居民基本权益平等化。

（二）数字乡村赋能农业高质量发展

数字乡村的建设不仅推动了农业现代化，也为实现农业高质量发展提供了新的路径和机遇。数字农业的发展是农业现代化的核心。通过人工智能、5G、物联网、大数据等信息技术的应用，数字农业能够全方位深入农业生产的各个环节，如耕作、管理、收割等，从而促进传统农业向现代农业的转型。数字农业的发展有助于产业结构优化升级，提高农业生产效率，并通过网络化、数字化和信息化手段实现农业生产的精准化、标准化和规模化，对乡村的生产、生活、生态等方面进行数字化重塑。数字乡村的建设强调了科技和人才在推进农业农村现代化中的关键作用。科技方面，通过强化农业设备支撑、完善农村信息基础设施、发展农业新业态等方式，推动农业全产业链的数字化转型。人才方面，

---

① 国家数据局：《数字中国发展报告（2023年）》，https：//dsj.hainan.gov.cn/zcfg/zybs/202407/P020240702634332722542.pdf，2024年。

通过培训提高农民的数字技能和参与数字乡村建设的积极性，促进乡村数字经济的发展。

数字乡村的建设对于推动农业高质量发展具有重要意义，它不仅推动了农业现代化，还为农业高质量发展提供了新的路径和机遇。通过科技和人才的结合，数字乡村建设有助于提升农业生产的效率和质量，推动农业产业的转型升级，实现农业的可持续发展。

（三）数字乡村是乡村振兴的重要方向和手段

民族要复兴，乡村必振兴。习近平总书记指出，"乡村振兴是实现中华民族伟大复兴的一项重大任务"，要"走中国特色社会主义乡村振兴道路""举全党全社会之力推动乡村振兴"。乡村振兴战略的实施，包括产业发展、生态宜居、乡风文明、治理有效和生活富裕等方面，为数字乡村建设提供了广阔的应用场景和市场需求。数字乡村建设通过推动信息技术的普及和应用，提升农业生产效率，促进农村经济发展，为乡村振兴提供了强有力的技术支撑。

数字乡村建设通过信息技术提升乡村治理水平，实现治理有效，是乡村振兴战略中提升乡村治理能力的重要途径。数字乡村建设通过提供智慧公共服务、改善基础设施等方式，提升农村居民的生活质量，符合乡村振兴战略中提高农民生活水平的核心目标。数字乡村建设通过发展电子商务、智慧农业等新业态，促进农村产业升级和融合发展，是乡村振兴战略中产业兴旺的重要体现。数字乡村建设需要大量的数字技术人才，这有助于吸引和培养新型职业农民，为乡村振兴提供人才支持。

（四）数字乡村是提升农业国际竞争力的必要举措

全球数字经济正处于快速发展和变革的阶段，其对全球经济的影响日益显著。各国政府和企业都在积极探索如何更好地利用数字技术推动经济增长和社会进步。数字乡村的发展对于提升农业的国际竞争力具有重要作用。通过数字技术的应用，农业可以实现更高效、智能和可持续的生产方式，从而提升农产品的质量和产量，增强农业的国际竞争力。同时，数字贸易的发展也为农产品进入国际市场提供了新的机遇。

数字技术与农业生产的结合，如 AI、传感器和大数据分析等，使农业生产更加智能化和精准化。这些技术的应用不仅提高了农产品的质量和产量，还促进了农业产业标准化和品牌化，提升了农产品的附加值。数字技术在农业中的应用也在推动绿色农业的发展。大数据技术实现了节水和减肥，农药喷洒机器人减少了农药的使用量，这些技术的应用有助于减少环境污染，实现农业生产的可持续发展。农产品数字贸易正在成为推动农业现代化和乡村振兴的重要力量。农产品跨境电商保持良好发展势头，2020 年，我国农产品跨境电商零售进出口总额为 63.4 亿美元，同比增长 19.8%，农产品电商对农村脱贫、乡村振兴推动作用明显，激活了农业特色产业集群发展的新动能[1]。2021 年，农产品跨境电商在全球新冠疫情、供应链不稳、贸易壁垒等背景下，呈现良好趋势，我国农产品跨境网络零售进口额为 41.81665 亿元，同比增长 28.1%[2]。

第二节　数字乡村的内涵

一、数字乡村概念

2018 年，中国政府在中央一号文件中首次提出了实施"数字乡村战略"。这一战略的提出标志着中国对农业农村信息化发展的重视达到了新的高度，旨在通过数字化手段推动乡村振兴和农业农村现代化。2019 年 5 月，中共中央办公厅、国务院办公厅印发《数字乡村发展战略纲要》，明确提出"数字乡村是伴随网络化、信息化和数字化在农业农村经济社会发展中的应用，以及农民现代信息技能的提高而内生的农业农村现代化发展和转型进程"。数字乡村战略的核心是利用物联网、云计算、大数据和移动互联等信息技术，促进数字化与农业农村农民的

---

[1] 农业农村部信息中心：《全国农产品跨境电子商务发展报告（2020—2021）》，http://www.moa.gov.cn/xw/zxfb/202112/W020211210717734655730.pdf，2021 年 12 月 10 日。

[2] 农业农村部信息中心：《全国农产品跨境电子商务发展报告（2021—2022）》，https://www.digitalelite.cn/h-nd-6288.html，2023 年 1 月。

生产和生活各领域的全面、深度融合。这不仅涉及农业生产的数字化，还包括乡村治理、文化、生态、人才和组织管理等方面的数字化。

二、发展阶段和框架体系

（一）发展四个阶段

我国农村地区占地面积大，自然条件、发展水平、优势特点各不相同。数字乡村建设是一个持续推进、不断演化的过程。数字乡村的发展在中国已经取得显著的进展，这些进展可以分为以下几个阶段来理解。

1. 起步阶段（2019年以前）：2019年5月，中共中央办公厅、国务院办公厅印发了《数字乡村发展战略纲要》，标志着数字乡村建设的正式启动。这一阶段主要是政策制定和规划阶段，明确了数字乡村建设的总体要求和战略目标。

2. 初步发展阶段（2019—2021年）：根据《中国数字乡村发展报告（2022年）》，这一阶段的特点是数字乡村建设取得了初步进展。例如，农村互联网普及率显著提升，智慧农业建设快速起步，乡村数字经济新业态新模式不断涌现，乡村数字化治理效能持续提升等。

3. 加速发展阶段（2022—2025年）：中央网信办等10部门印发的《数字乡村发展行动计划（2022—2025年）》为这一阶段设定了具体目标。到2023年，数字乡村发展将取得阶段性进展，包括网络帮扶成效的提升、农村互联网普及率的提高、农业生产信息化水平的稳步提升等。到2025年，数字乡村发展将取得重要进展，比如，乡村4G深化普及、5G创新应用，农业生产经营数字化转型的加快，智慧农业建设的初步成效，乡村网络文化的繁荣发展，以及乡村数字化治理体系的日趋完善。

4. 持续深化阶段（2025年以后）：根据《数字乡村发展战略纲要》，到2035年，数字乡村建设将取得长足进展。这一阶段的目标是进一步缩小城乡"数字鸿沟"，提升农民的数字化素养，实现农业农村现代化的基本目标。

（二）发展体系框架

2021年中央网信办信息化发展局等七部委编写了《数字乡村建设指南 1.0》，提出了数字乡村建设的总体参考架构，具体包括信息基础设施、公共支撑平台、数字应用场景、建设运营管理和保障体系建设等关键部分，如图 1-1 所示。

建设方法	建设内容	保障措施
	智慧农业 / **乡村数字富民产业** 种植业数字化 | 畜禽养殖数字化 | 渔业数字化 | 农村电商 | 乡村新业态 农业社会化服务数字化 | 农村数字普惠金融	
	乡村数字文化 / **乡村数字治理** 乡村网络文化阵地建设 | 乡村文化资源数字化 | 农村党建数字化 | 智慧村务建设 乡村网络文化引导 | 基层综合治理数字化 | 乡村智慧应急管理	
	乡村数字惠民服务 / **智慧美丽乡村** 乡村信息服务体系 | 乡村信息服务内容 | 农业绿色发展 | 乡村绿色生活 乡村人才数字素养 | 农村生态保护信息化	
	涉农数据资源 数据汇聚治理 | 数据开放共享 | 数据开发利用	
	乡村数字基础设施 乡村信息基础设施延伸拓展 | 传统基础设施数字化升级	

图 1-1　数字乡村建设总体参考架构

1. 信息基础设施。这是数字乡村建设的数字基础，包括网络基础设施、信息服务基础设施建设，以及水利、气象、电力、交通、农业生产和物流等传统基础设施的数字化升级。

2. 公共支撑平台。这是实现各类数字乡村应用的系统基础，包括公共数据平台和各类应用支撑平台。平台要避免重复建设，要遵循集约化原则，确保各类平台之间的数据互联互通。

3. 数字应用场景。描述信息化深度融入农业农村生产生活各个领域与信息化深度融合的适用情景，包括省、县两级政府和相关部门的职责定位，以及建设应用场景所需的基本条件。

4. 建设运营管理。为数字乡村建设提供了多种建设运营管理的模式，包括规划设计、组织实施、技术标准、网络安全和评价考核等方面的过程管理建议。

5. 保障体系建设。从组织领导、机制保障、政策支持、人才支撑、氛围营造五个方面为数字乡村建设的顺利实施提供建议。

三、数字乡村的核心内容要素

数字乡村的建设内容涵盖了多个方面，主要包括以下几个关键要素。

1. 基础设施升级。信息基础设施是数字乡村的基础，包括宽带通信网、移动互联网、数字电视网和下一代互联网。这些基础设施的建设是实现数字乡村目标的基础。加强农村信息网络基础设施建设，确保农村地区能够接入高速、泛在、安全的基础信息网络，包括持续推进电信推广服务、补盲建设农村地区的4G基站、推动5G和千兆光纤网络的建设、优化提升农村宽带网络质量及速度、利用卫星手段等，提升农村及偏远地区的学校和医院的网络接入水平和质量。"十四五"期间，中央财政将安排补助资金100亿元左右，继续支持农村及偏远地区电信普遍服务工作，以加快弥补城乡"数字鸿沟"。

2. 数据资源体系建设。建立和完善数据资源采集体系，推进数据资源共享、业务协同和数据开放，形成以重点农产品全产业链数据采集、分析、发布、服务为主线的全链条数据应用体系。整合和分析乡村空间地貌、农民生活方式、农业生产关系等数据资源，以解决发展不平衡不充分问题，推动农业全面升级、农村全面进步、农民全面发展。

3. 发展智慧农业。智慧农业是数字乡村的核心，通过使用物联网、大数据和云计算等技术，实现农业生产的智能化、精准化，包括对农业生产、管理、收割等环节的数字化改造。通过农业信息平台自动搜集和检测农业环境信息，如空气湿度、土壤温度等，并进行自动灌溉和播种。同时，智慧农业也促进水产养殖的智能化，如及时检测水温、细菌等，以保持水生物健康生长。农业灾害监测系统可以通过"互联网+气象"为农民获取实时天气情况，采取措施做好农业保护工作。利用农业物联网和现代农业设施，实现农业的绿色规模化发展。智慧农业利用信息技术对农业生产、经营、管理和服务全产业链进行智能化控制，并通过信息感知、智能决策和决策实施来实现。

4. 乡村产业数字化。数字技术渗透于农业生产经营管理的各个环节，推动农村电子商务、乡村智慧旅游、农村数字金融产业发展。通过农村电子商务整合产业链资源，为涉农企业和农产品产地市场提供营销、物流和仓储等方面的支撑服务，例如，农产品仓储物流的数字化，农产品交易、农产品质量及产地认证、农产品冷链等的体系建设，引导涉农电商参与，进而规范交易行为。

5. 乡村文化数字化。包括县级融媒体中心建设，以及乡村文化资源、乡村公共文化服务的数字化。规范整合县级广播电视、报刊、新媒体等媒体资源，建设涵盖媒体服务、公共服务、增值服务的融合媒体平台，促进融媒体中心及新时代实践文明中心的建设，包括乡村节庆文化资源、农村地区文物资源信息的采集整理，建设乡村数字文物资源库，加强乡村文化资源服务等。规范乡村文化推广、培训的技术要求，加快建设农村数字博物馆、非物质文化遗产网、数字农家书屋等文化服务平台。

6. 乡村治理数字化。乡村治理的数字化是推动国家治理体系和治理能力现代化的重要组成部分，特别是在数字乡村发展战略的指导下，这一领域正经历着深刻的变化和发展。利用大数据、云计算、人工智能等新一代信息技术，驱动乡村治理产生深刻变革，通过电子政务等手段，提高乡村治理的效率和透明度。数字技术在乡村治理中的应用提升了行政服务效率，并且其应用场景日渐丰富。主要包括乡村"互联网+党建"、乡村"互联网+政务服务"、乡村"互联网+法律服务"、乡村社会治理信息化、村务管理信息化、乡村公共安全管理及应急管理信息化等。

7. 乡村公共服务数字化。乡村公共服务的数字化是实现乡村振兴和建设数字乡村战略的重要组成部分。这一领域的发展旨在通过数字技术优化农村公共服务的质量，更好地满足农村居民日益增长的各类服务需求。乡村公共服务数字化的核心在于利用现代数字技术和传播手段，推动公共服务内容、服务模式和服务运营的数字化。通过这些手段，可以降低公共服务的成本、提高效率，并为生产与生活带来更多便利。主要包括乡村"互联网＋教育"、乡村"互联网＋医疗健康"、乡村"互联网＋人社"、信息无障碍和适老化、乡村信息服务站点整合等。

第三节　数字乡村发展的主要模式

《乡村振兴战略规划（2018—2022年）》提出，要顺应乡村的发展规律和演变趋势，数字乡村的发展也应该结合乡村特点，遵循分类发展原则。不同的乡村具有不同的地理条件、社会特点、资源禀赋、产业发展水平及信息化发展水平，数字乡村的发展应该因地制宜。根据乡村的发展阶段和未来数字化建设目标，数字乡村的发展模式可以区分为基础提升类、数字＋类、城乡融合类和全面发展类。

一、基础提升类数字乡村

有些乡村受地理条件所限，自然资源匮乏，社会经济发展水平较低，产业发展滞后，网络覆盖水平较低，信息化基础设施建设水平较低。该类数字乡村建设应以数字化基础设施建设为重点，即完善网络基础设施与信息服务站点建设，同时改造升级公共基础设施，为后续的数字乡村建设奠定必要的基础。针对已有数字化基础设施的乡村，在加强硬件设施建设的同时，关注基础设施的使用性和便利性、提升"软"的设施建设也必不可少，要让这一类数字乡村发展模式在建设过程中真正收到实效。

二、数字+类数字乡村

数字+类数字乡村是针对已经具有本地特色的农产品、乡村风貌、民俗文化等资源优势的乡村，但是这些乡村同时受信息化水平的制约，此前互联网与特色产业没有深入融合，没有将特色产业的独特性优势充分开发出来，进而转化为农民和农村的收入。这些乡村在数字乡村建设过程中则应将数字化手段和技术与村庄的特色农产品和文旅产品相结合，利用数字技术，激发并释放当地特色资源的潜能，用数字技术赋能乡村特色产业发展，形成"电商+""直播+""数字基础设施+"等适合当地发展需要的农产品、乡村旅游等农村新业态。这类数字乡村建设发展模式是目前最为普遍，也是最为可及的一种发展模式。众多农村地区结合各自的优势，借助数字化手段进行品牌建设，提高销量和当地农民、农村收入，是数字乡村建设中较为普及的一种模式。

三、城乡融合类数字乡村

城乡融合类数字乡村也是数字乡村发展建设中的一种普遍模式。城市的数字化资源与发展成果不断下沉到乡村，使城市近郊区、县城、城关镇、乡镇驻地等村镇和农村地区，通过共享邻近城镇的数字化资源，加速城乡融合的进程。由于地理区位优势，乡村与邻近城镇共享信息基础设施与公共信息服务，可通过信息化手段提升其经济发展水平。在数字乡村建设过程中可以依据政策导向提升乡村信息服务的应用水平，加强和提升信息惠民服务、网络扶贫成效巩固、城乡信息化统筹发展规划。该类数字乡村建设更为关注数字资源惠及农村和农民，让农民也能够共享数字化资源带来的便利化服务、海量的信息，以及加速消弭由此带来的城乡差异，是数字乡村建设的需要，也是城市化进程的必经阶段和必然产物。

四、全面发展类数字乡村

全面发展类的数字乡村是针对地理条件优越、自然资源禀赋较好，水利、公路、电力、物流、网络等基础设施建设较为完备，并且产业基础较好的乡村。这类数字乡村的突出特点是数字化技术与乡村生产、生活、生态、治理等农业、农村各领域实现全面融合。农村数字经济、农业科技、乡村治理、惠民服务、绿色乡村等方面的发展是该类数字乡村建设的重点。该类数字乡村兼备城镇的数字化资源优势和乡村特有的综合优势，宜业宜居既是这一类数字乡村的建设目标，也是建设成果，对于均衡城乡发展有重要的作用。

第四节　数字乡村发展的理论与政策

2018 年中共中央、国务院中央一号文件提出"乡村振兴战略"，明确提出要实施数字乡村战略，弥合城乡数字鸿沟，信息化、数字化在乡村振兴过程中的驱动力越发突出和强劲，2019 年中共中央办公厅和国务院办公厅提出《数字乡村发展战略纲要》，我国数字乡村建设步入新时期。中共中央网络安全和信息化委员会办公室会同相关部门印发实施《数字农业农村发展规划（2019—2025 年）》《2020 年数字乡村发展工作要点》《关于开展国家数字乡村试点工作的通知》，提出开展国家数字乡村试点工作，通过资源整合、颁布相应政策，统筹推进数字乡村建设发展。随后各部委、办公室纷纷出台多种政策措施，加强数字化在农业基础设施建设、农业生产与运营、农业发展新业态、乡村治理等方面的推动作用，为数字乡村发展提供了政策保障。2024 年数字乡村发展统筹协调机制会议于 3 月 20 日在京召开，研究讨论了《2024 年数字乡村发展工作要点（送审稿）》《数字乡村建设指南 2.0（送审稿）》，总结交流数字乡村建设情况与经验，并部署下一步重点工作。

一、产业融合理论

产业融合理论是数字经济发展的一个重要理论基础，也是数字乡村发展的重要理论基础。数字技术作为催化剂，与农业、农村及各个产业融合，打破了原有产业的界限，实现了农业与各产业的融合。数字技术极大地降低了信息获取的成本、获取速度及获取方式，数字技术的融入彻底改变了产品和服务的配置方式，已经覆盖包括农业在内的各个产业，覆盖农村各个领域，最终促成了产业融合。

产业融合是产业发展过程中不可避免的阶段性现象，其实质是不同产业之间通过交叉、渗透、融合形成新的产业。数字乡村即是产业融合进程中农业和农村发展到信息化时代的必然产物。数字技术是数字乡村和产业融合的催化剂，小农户、家庭农场、农民专业合作社、国营农场等多种经营主体参与到农业与各产业边界逐渐模糊的过程中、参与到产业融合的进程中，最终推动数字乡村的发展和升级。

二、协同理论

1977年，德国学者赫尔曼·哈肯（Hermann Haken）提出了协同理论（Synergetics）。该理论认为复杂系统与子系统间、子系统与子系统间存在着互相影响和作用的协调关系。该理论强调系统内部的差异性，正是这种差异性才使得各子系统相互合作与协调产生协同效应，使复杂系统产生微观层次无法实现的新的系统结构和功能。

作为中国数字乡村建设的理论基础之一，协同理论把数字乡村视作一个庞大、复杂的系统，内部包含众多的子系统，子系统之间存在巨大的差异性，因此有协同的潜力和必要。数字乡村建设需要统筹各子系统，挖掘并利用其协同效应，形成数字化协同创新和协同治理两大核心驱动力，推进农业农村信息化，创造数字化时代背景下农业农村的新秩序和新结构。数字乡村建设需要协同多元化的主体，明确主体责任，激发多元化主体的动能，在乡村数字基础设施建设、数据资源开发与管理、乡村产业数字化、数字服务产业化及乡村治理数字化等方面，形成协同发展。

三、内源式发展理论

内源式发展理论于1976年诞生于日本，该理论主张乡村振兴走内源式发展之路。1988年，联合国教科文组织出版的《内源发展战略》一书中指出，"内源式发展是从内部产生、为人服务的发展"，"内源式发展本质上是一种自我导向型发展，针对乡村而言，内源式发展可以实现乡村发展'自下而上'的转换，突出地方的自主性和能动性"。

内源式发展理论为数字乡村建设提供了方法论支撑。数字乡村建设是乡村内部和外部力量共同协同、综合作用的过程。数字乡村建设中，全面的信息化资源都需要下沉到乡村，使其成为乡村发展的新动能，需要内部主体与外部主体的互动，外部资源必须结合内部资源进行整合，为乡村振兴、数字乡村的发展提供内源式的发展动力。

四、近年数字乡村重大政策与文件概览

数字乡村发展战略首次由2018年中央一号文件明确提出，自此中央和各省级政府的顶层政策设计接踵而至。2019年5月，中共中央办公厅印发了《数字乡村发展战略纲要》；2020年1月，农业农村部、中央网络安全和信息化委员会办公室印发了《数字农业农村发展规划（2019—2025年）》。为贯彻落实中央精神，各省陆续出台本土化的落实意见与办法，数字乡村建设迅速由战略启动、方案规划，进入了试点示范、部分先行地区快速推进、其他地区学习推广的阶段，截至目前，数字乡村相关的政策已全面覆盖农业、农民、农村各个关键领域（图1-2）。

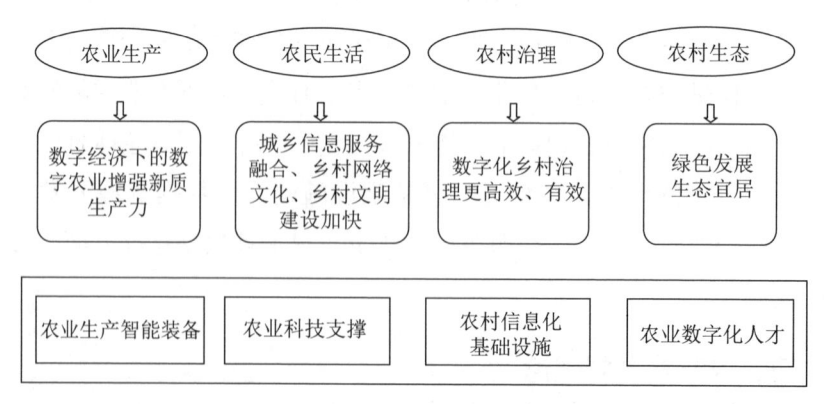

图1-2 数字乡村政策思路及目标效果

理 论 篇

以下为历年中央政府及地方政府相关政策和文件：

1. 2018年1月，中共中央、国务院，《中共中央 国务院关于实施乡村振兴战略的意见》

2. 2018年9月，《乡村振兴战略规划（2018—2022年)》

3. 2019年1月，中共中央、国务院，《中共中央 国务院关于坚持农业农村优先发展做好"三农"工作的若干意见》

4. 2019年2月，农业农村部，《2019年农业农村市场与信息化工作要点》

5. 2019年5月，中共中央办公厅、国务院办公厅，《数字乡村发展战略纲要》

6. 2019年7月，农业农村部，《关于全面推进信息进村入户工程的通知》

7. 2020年1月，中共中央、国务院，《关于抓好"三农"领域重点工作 确保如期实现全面小康的意见》

8. 2020年1月，农业农村部、中央网络安全和信息化委员会办公室，《数字农业农村发展规划（2019—2025年)》

9. 2020年4月，农业农村部，《新型农业经营主体和服务主体高质量发展规划（2020—2022年)》

10. 2020年5月，中央网信办、农业农村部、国家发展改革委、工业和信息化部，《2020年数字乡村发展工作要点》

11. 2020年7月，中央网信办、农业农村部、国家发展改革委、工业和信息化部、科技部、市场监管总局、国务院扶贫办《关于开展国家数字乡村试点工作的通知》

12. 2021年1月，中共中央、国务院，《关于全面推进乡村振兴加快农业农村现代化的意见》

13. 2021年2月8日，农业农村部，《全国农业农村信息化示范基地认定办法（修订)》

14. 2021年5月，财政部办公厅、商务部办公厅、国家乡村振

019

兴局综合司，《关于开展 2021 年电子商务进农村综合示范工作的通知》

15. 2021 年 9 月，中央网信办、农业农村部、国家发展改革委、工业和信息化部、科技部、市场监管总局、国家乡村振兴局，《数字乡村建设指南 1.0》

16. 2021 年 11 月，国务院，《"十四五"推进农业农村现代化规划》

17. 2021 年 12 月，中央网络安全和信息化委员会，《"十四五"国家信息化规划》

18. 2022 年 1 月，中共中央、国务院，《关于做好 2022 年全面推进乡村振兴重点工作的意见》

19. 2022 年 1 月，中央网信办、农业农村部、国家发展改革委、工业和信息化部、科技部、住房和城乡建设部、商务部、市场监管总局、广电总局、国家乡村振兴局，《数字乡村发展行动计划（2022—2025 年）》

20. 2022 年 4 月，中央网信办、农业农村部、国家发展改革委、工业和信息化部、国家乡村振兴局，《2022 年数字乡村发展工作要点》

21. 2022 年 5 月，中共中央办公厅、国务院办公厅，《乡村建设行动实施方案》

22. 2022 年 9 月，中央网信办、农业农村部、工业和信息化部、国家市场监督管理总局，《数字乡村标准体系建设指南》

23. 2023 年 1 月，中共中央、国务院，《关于做好 2023 年全面推进乡村振兴重点工作的意见》

24. 2023 年 4 月，中央网信办、农业农村部、国家发展改革委、工业和信息化部、国家乡村振兴局，《2023 年数字乡村发展工作要点》

25. 2024 年 1 月，中共中央、国务院，《关于学习运用"千村示范、万村整治"工程经验有力有效推进乡村全面振兴的意见》

26.2024年3月,中央网信办、农业农村部、国家发展改革委、工业和信息化部、民政部、生态环境部、商务部、文化和旅游部、中国人民银行、市场监管总局、国家数据局,《关于开展第二批国家数字乡村试点工作的通知》

第二章
数字乡村发展的国际规律

第一节 美国

自20世纪90年代开始,美国通过政府每年拨款的巨额资金建设农业信息网络,并逐渐成为全球农业信息化程度最高的国家之一。美国的数字乡村发展强调技术应用的多元化和政府在法规、资金支持方面的作用,同时也注重农村社区的全面数字化转型。这些经验对中国等国的数字乡村建设具有一定的借鉴意义。

一、美国数字乡村发展的战略布局

1. 制定全面的国家战略。美国制定了全面的数字乡村发展战略,明确了目标和任务,旨在通过利用现代信息技术,如互联网、大数据、云计算等,为数字乡村的发展提供指导,推动乡村地区的经济发展和社会进步。

2. 加大投资力度。美国政府对数字乡村的投资力度不断加大,主要用于基础设施建设、人才培养和技术研发等方面。如:美国国家科学基金会和美国农业部资助的高级无线研究平台(ARA)项目,旨在为农村社区提供宽带覆盖和创新解决方案,如精准农业、教育、健康、清洁能源等。

3. 强化基础设施建设。美国致力于提升农村地区的互联网接入速度和质量,以满足农村居民的需求。2020年,美国联邦通信委员会

(FCC)设立了农村数字机会基金,计划在未来10年内拨款204亿美元,助力美国农村地区的千兆宽带网络建设。

4. 加强教育和培训。美国在农业教育培训方面的策略旨在通过教育与培训提高农民的专业技能和知识水平,从而提升农业生产的科学性、现代化程度及竞争力。美国的农业教育培训体系涵盖了从初级到高级的多个层面,包括对农民进行基础技能训练、推广现代农业技术、培养农业科研人员等多个维度。

5. 促进创新和创业。美国鼓励农村地区的创新和创业,通过提供资金支持和优惠政策等方式,推动农村地区的经济发展和社会进步。美国各级政府——从县到州再到联邦——均制定了乡村发展规划,并出台了一系列扶持政策。这些政策为乡村地区的发展以及乡村经济结构的转型与创新提供了有力支持。同时,先进的数字信息技术助力农业和农村实现了跨越式发展。美国国家科学基金会计划拨款1.4亿美元,用于启动新的国家人工智能研究院,推动人工智能在关键领域的突破,包括气候、农业、能源、公共卫生等方面的应用。

6. 建立合作伙伴关系。美国政府在数字乡村建设中发挥了引导作用,但它并非唯一主角。美国政府倡导各类机构与农业企业合作,确保农民能够获取足够公开透明、及时且有用的农业发展信息、知识和金融服务,合力推动数字乡村的发展。

7. 保护隐私和数据安全。美国重视农村居民的隐私权和数据安全,采取了一系列措施来保护他们的权益。

8. 评估和调整。美国定期对数字乡村的发展进行评估,根据实际情况调整发展策略,以确保其有效性和适应性。美国行政管理和预算局(OMB)发布政策指导草案,确保人工智能的使用能保障公民权利和安全,规范AI在网络安全、内容安全等方面的应用。

二、美国数字农业的创新模式

1. 多元共进的矩阵型发展模式。美国在数字乡村建设中采用系统化的多元共进矩阵型发展模式,通过农业信息技术应用、农业信息网络建设、农业信息资源开发利用等技术层面进行全方位推进。该模式包括基础型矩阵和延伸型矩阵,其中基础型矩阵聚焦于乡村网络建设和立法保障,延伸型矩阵则专注于消除城乡数字知识鸿沟、提升农业信息化水平及发展农村电商交易市场。

2. 法规标准引导下的市场经济体制。美国数字乡村建设以法规标准引导的市场经济体制为主导,注重通过政府和互联网为农户赋能,同时结合电商平台、企业、高校、贷款机构和网络运营商等多方的积极参与以提供辅助支持。

三、美国数字乡村发展的现状分析

1. 基础设施与教育培训。美国认识到乡村要想实现数字化,首先要解决基础设施的问题。因此,美国政府通过资金支持和政策激励,推行农村宽带计划等举措,通过投资农村宽带基础设施,如农村数字机会基金,为农村地区提供千兆宽带网络建设支持,提高农村地区的连通性,缩小数字鸿沟。这种基础设施的建设不仅包括硬件设施,如网络基站的建设,还包括软件设施,如网络服务的普及和质量的提升。同时,借助数字乡村教育和培训,增强农民的数字技能,使其能够更好地利用数字技术参与现代农业生产。如与高校合作共建培训中心,培养农业数字创新人才,为数字农业发展提供专项支持。

2. 数字化农业信息服务。从 20 世纪 90 年代开始,美国政府每年投入 10 多亿美元建设农业信息网络,其农业信息化的发展体现在多个方面,例如通过"精准农业"的定制服务,利用大数据技术进行智能决策,实现节水、减少肥料使用及无农药投入,以减少环境污染和提高生产效率。这些技术不仅应用于生产管理,还涉及农业大数据的分析,提供实时市场信息、农业技术支持等服务,帮助农民提高生产效率和市场竞争力。美国已建立了多个与农业相关的数据库,形成了以卫星网、互联网、物联网等为支撑的农业信息服务网络。美国 80% 的农场主使用了精准农业的定制服务，通过大数据技术进行智能决策，显著提高了农业生产效率。

3. 数字化技术应用与信息共享。美国在乡村地区广泛推广精准农业和智慧农业等数字化技术，如利用遥感技术监测作物生长、在大型农机上配备GPS设备，以及通过地理信息系统（GIS）处理农业数据，这些技术的应用显著提升了农业生产效率。另外，美国还将区块链、物联网、人工智能等新兴技术应用于农业，以实现精准管理、降低成本和提高收益的目标。与此同时，美国鼓励政府、企业和农民之间的合作，确保农民获取足够的农业发展信息、知识和金融服务。通过建立数字农业战略，强化了农业信息共享，提升了农民的参与度和农业的整体竞争力。

4. 农村社区的数字化转型。美国的农村社区在努力获得教育机会、远程医疗服务、远程工作机会等，以应对乡村面临的挑战。美国联邦农业部乡村发展办公室推出了一系列政策，通过财政资助支持乡村社区改善经济和生活质量。这些政策涉及乡村通信设施、乡村电子医疗网络以及远程教育网络设施等数字化建设内容。

5. 乡村治理的数字化。美国在乡村治理数字化的探索上起步较早，目前其乡村数字化模式已较为成熟。这些模式侧重利用现代信息技术来提升乡村治理智能化水平，并强调信息技术的广泛应用和乡村治理数字化的全面发展。

美国数字乡村的发展现状表明，通过政府的大力支持和投资，结合私营部门的创新和合作，可以有效推动农业数字化转型，实现智慧农业的高效管理和农村经济的全面发展。这些经验和做法对于其他国家，尤其是在寻求缩小城乡差距、提升农业竞争力的国家，具有重要的借鉴意义。

四、美国数字乡村发展的挑战

美国在数字农业方面的发展虽然取得了显著进步，但仍面临一些挑战和不足之处。

1. 技术依赖过高。美国数字农业高度依赖人工智能、物联网和其他先进技术，但这些技术的运行和维护需要专业知识和技术支持。在技术故障或需要升级时，如果农场主缺乏相应知识或无法及时获得技术支持，可能会影响农场的正常运营。

2. 基础设施覆盖不均。虽然美国农村地区的互联网接入速度和质量有所提升，但仍有部分地区存在宽带网络覆盖不足的问题，影响了数字乡村的整体发展。

3. 政策执行力度不够。虽然美国制定了相应的政策和措施，但在实际执行过程中，可能由于各种原因，如资金、人力等因素的影响，政策的执行力度不够，影响了数字乡村的发展效果。

4. 创新能力略显不足。虽然美国鼓励农村地区的创新和创业，但由于农村地区的特殊性，创新能力相对较弱，这在一定程度上限制了数字乡村的发展。

5. 普及程度有限。虽然美国在数字农业方面取得了一定成就，但技术在不同规模的农场和边缘地区的普及程度不一。小型农场可能因为经济原因无法投入足够的资源用于数字化转型，这可能导致它们在市场竞争中处于不利位置。

第二节 日本

日本是个岛国，国土面积狭小，耕地总量少，土地瘠薄细碎且极其分散，农业劳动力短缺且老龄化严重，粮食自给率水平较低，农业经济资源较为匮乏，是典型的农产品进口国。日本的农业劳动力较为短缺且老龄化非常严重，务农人数仅占总人口的3%，其中一半都是65岁以上高龄的老人，39岁以下年轻人不足7%。同时，相关数据表明，2018年日本农业用地总面积达4.47万平方千米，占国土总面积的11.83%。可耕地面积达4.14万平方千米，仅占比为10.95%。山地和丘陵则占据总面积的 80%，地形不利于农业耕作。

然而，日本正是围绕这一特殊国情，开发出了各种实用性强、智能化程度高的农业机械，走上了一条独特的小规模精细化模式，形成了以微耕技术、精致农业为特色的精细农场，这种别具一格的精细农业不仅大大降低了劳动强度、缩短了劳动时间，还使得其农业生产的单位人效达到了最大化。截至 2019 年，日本基本已实现农业生产全过程的机械化和农机现代化，水稻栽插和收获的机械化普及率分别达到 98% 和 99%。同时，为进一步摆脱农业劳动力短缺的约束，提高农业生产效率，大力焕发农业和农村的发展活力，日本政府提出大力发展智慧农业。

一、日本数字农业战略

日本的农业数字化发展战略整体分为"三阶段、四片区"来推进，优先在经济较为发达的地区先行试点，然后逐步向欠发达地区推广，形成了分阶段、分区域、多样化宣传的数字化农业推广模式，鼓励各地农户积极采用相关技术，全面推进农业数字化建设。

在农林水产省专项资金的支持下，日本建立了地域性的农业数字信息系统。由于各地的经济发展水平和所种植农作物的不同，引进数字农业的时间与方式也不尽相同。在较具代表性的高产地区，首先导入必要的生产数据，形成了三种主要模式：基于有线电视的数字系统、以计算机为主的数字系统和以多功能传真为主的数字系统。这些不同形式分别适用于高科技含量的农业区、农协合作紧密的区域，以及人口密度较低的地区，为数字化农业的应用提供了多种选择。

近年来，日本各地新型农业服务企业不断涌现。这些企业不仅为农户提供智慧农机的租赁服务和基于大数据分析的农事信息，还可承担耕种、田间管理等全流程作业，服务门类丰富多元，推动了农业生产效率的不断攀升。

从现实角度看，日本发展智慧农业有其必然性。人口老龄化加速，农林产业劳动力日益短缺。数据显示，日本农业基础从业人口从 2010 年的 205 万人降至 2020 年的 136 万人，其中 60 岁以下的不足 67 万人。人工智能、物联网等新技术的应用，不仅能有效缓解人手不足的问题，还能改变传统农业费时费力的形象，吸引更多年轻劳动力投身农业领域。

基于智慧农业广阔的市场前景，不少日本大企业也纷纷涉足其中。以日本九州电力公司的生物资源研究中心为例，自 2019 年起在福冈县朝仓市建设"上寺草莓园"项目，该草莓园占地约 6500 平方米，通过物联网和人工智能实现对温度、湿度等关键指标的自动控制，使草莓始终处于最优生长状态。此系统还能通过调节光合作用量，实现在不同季节管理产量与生长周期的目标。园区负责人出木场秀作表示，希望该农场不仅能产生经营效益，更能成为智慧农业的示范点，让更多人感受和认可智慧农业的魅力。

当前，日本智慧农业仍处于上升阶段。日本矢野经济研究所的报告显示，2020 年日本智慧农业的国内市场规模已超过 262 亿日元（约合人民币 13.1 亿元），同比增长达 45.6%。预计到 2027 年，这一市场规模将进一步扩大至 606 亿日元。

二、日本数字农业政策

为确保农业数字化在软硬件方面都能得到良好支持，日本政府陆续出台并完善了一套比较完整的农业政策体系。在财政方面，日本的财政政策明确规定，农业在一般财政预算中所占比重为 10%，这一部分支农支出主要用于农地建设、稻谷生产、水利工程、设备购置等。其中，用于农业数字化建设的费用约占整个支农支出的 40%。在农产品价格方面，日本政府对数字化农业产品实行多种管理与支持措施，主要通过以下三项制度来完成。

价格稳定制度：政府通过对数字农产品的价格浮动区间进行管控，使价格波动保持在可预见的范围内，以维护数字化农产品价格的稳定性。

最低价格保护制度：为激励农户在数字农业领域的投入和研究，政府设定最低价格，禁止数字农产品低于此价格出售，以避免恶性竞争并保护从业者利益。

差价补贴制度：政府为数字化农业从业者提供多种补助或福利，用以弥补其在数字农业发展初期可能遇到的亏损或风险，增强其持续投入的信心。

此外，日本还制定了多种形式的信贷支持政策，以降低数字农业发展的融资成本并拓宽融资渠道。例如，国家通过债务担保鼓励商业银行投资数字化农业，若银行因投资而遭受损失，政府将提供部分赔偿。通过农协系统形成的金融机构，以优惠利率向数字农业从业者发放贷款，政府为这些金融机构提供利息补贴；如果贷款无法如期收回，由政府负责兜底。与此同时，日本各级农林牧渔金融公库也会直接投放财政贷款，专门用于支持数字农业建设，贷款期限较长、利率偏低，以此推动数字化农业的持续发展。

三、日本数字农业现状

根据国际电信联盟的统计，截至2020年，日本4G及以上移动互联网覆盖率达100%，手机普及率约93%，农村家庭的互联网接入率为97%。政府为农户免费开放农业数字化数据库，不断完善数字化农业的数据储备。完善的数字基础设施和高水平的互联网普及度，为日本数字农业的进一步发展打下了坚实根基。

在农业生产环节，日本逐步深化数字化技术的运用，加速无人化、精细化和自动化的进程。通过引进智慧无人农机，促进24小时不间断自主作业，打破时间限制；再借助自动导航技术，延伸至夜间作业，大幅降低农业生产所需的人力投入和劳动强度，推进智慧化、节力化的农业生产方式。与此同时，物联网与人工智能技术的融合应用，让湿度、温度、光照等数据能够实时整合并更新，实现农业生产环境的数字化，为农作物的精细化耕种提供有力支撑，进而提升产量与品质。

无人机技术在日本的智慧农业实践中也有着广泛的应用。许多无人机企业将测绘、遥感、多光谱分析等功能与无人机技术结合，帮助监测农作物生长、评估病虫害风险，为农业生产决策提供数据参考。这种多元化的功能拓展，进一步拓宽了无人机在智慧农业中的应用深度和广度。

第三节　德国

德国，作为一个高度工业化的国家，展现出卓越的农业生产效率。该国的总土地面积为35万平方千米，其中一半被划分为农用地。尽管德国拥有接近8300万的人口，但从事农业的劳动力仅占总劳动力的2%，农业户数不足60万。在德国，农业高度发达且高度机械化，以中小型家庭农场为主要经营模式。德国不仅是欧盟内主要的农产品生产国之一，同时也是全球第三大农产品及食品出口国，以及全球最大的农机出口国。从1950年农业占GDP的11.3%降至2021年的0.9%，德国农业在GDP中的比重虽有所下降，但其经济贡献依旧显著。

在过去几十年里，德国农业经历了深刻变革。农业生产率和科技水平的提升促进了规模扩大和农场合并，农场数量减少，生产效率却显著提高。根据德国农民联合会的统计，1950年一个农业工人的产出只能养活10人，而今该数字已增至大约140人。这一成就与德国采纳的高效且可持续的农业新技术密切相关，数字化生产技术为农业带来了显著的动力。目前，德国正致力于在"数字农业"领域达到更高的发展水平。

一、德国政府高度重视数字农业发展

德国联邦食品及农业部（Bundes ministerium für Ernährung und Landwirtschaft，简称"BMEL"）将数字化工作列为优先工作事项，通过实施数字化来压缩工作时间和工作量，减少肥料、植物保护产品和能源的使

用量，改善动物福利，提高可持续生产能力等。为了更好地推进农业数字化，德国联邦食品及农业部预留了超过 5000 万欧元经费，专门用于在 2022 年前组织开展数字化实验项目，并通过与农业机械制造商、软件开发商、服务提供商、咨询机构和研究部门的从业人员和专家的紧密合作，对不同实验项目的数字化技术解决方案和产品进行测试和评估。2020 年，德国联邦食品及农业部确认将资助 2 个以上农业企业在农村地区的数字农业试点项目。通过建设试点项目，德国联邦食品及农业部旨在推动农业数字化发展，帮助研究数字技术在园艺和畜牧育种中的应用，并测试其实用性。

德国联邦食品农业部将农业数字化确定为其优先战略方向，旨在通过实施数字化策略压缩工作时长与工作量，同时减少肥料、植物保护产品和能源消耗，提升动物福利，并增强可持续生产力。为加速这一进程，德国联邦食品及农业部拨款逾 5000 万欧元，专用于在 2022 年前启动多个数字化试验项目。这些项目通过农业机械制造商、软件开发商、服务提供商、咨询机构，以及研究部门的专业人员与专家的密切合作，进行数字化技术解决方案与产品的测试与评估。2020 年，德国联邦食品及农业部批准支持两个以上的农业企业在农村地区开展数字农业试点项目。通过这些试点项目，德国联邦食品及农业部致力于推动农业数字化的发展，探索数字技术在园艺和畜牧育种中的应用，并评估其实用性。

在农业数字化方面，德国展开了广泛的实践活动，信息技术和电子技术在农民的日常生活中扮演着关键角色。过去 20 年，信息技术硬件和软件经历了快速的升级和迭代，德国积极推动农业和农村的数字化，充分利用了信息技术的多种应用机会。数字应用在施肥、植物保护和畜牧业等方面提供了有力的支持，配备智能技术的农业机械和自动化工作流程已成为农田和农场工作的常态，进一步推动了精准农业的发展。数字化解决方案使得农业生产过程中的各个环节能更精确地衔接，提高了拖拉机和相关机具间的协同工作效率；从种子、肥料到植物保护产品等农业投入品，再到农产品的生产、运输和加工，最终到达消费者手中，数字化技术在整个生产链中提高了效率、透明度并减少了人工投入，为物流的有机整合提供了坚实支持。此外，为可持续利用农业和畜牧资源定制开发的应用，对环境产生了积极影响。数字化还通过数据将农民、IT 服务提供商、农业机械生产商、顾问和公共管理部门等多方利益相关者紧密联系在一起。

二、德国大型企业推动研发数字技术助力农业信息化

在德国农业信息化的发展中，大型企业在推动"数字农业"技术的研发方面扮演了关键角色。2021 年，在汉诺威的消费电子、信息及通信博览会上，德国的软件巨头 SAP 推出了其"数字农业"解决方案。此解决方案可实时在电脑上展示多种生产数据，例如特定土地上的作物种类、光照强度，以及土壤中的水分和肥料分布情况，从而使农民能够基于这些信息优化生产过程，实现产量和收入的增长。科乐收集团（CLAAS），一家拥有百年历史的德国农业机械制造商，与德国电信合作，运用"工业 4.0"技术实现了收割过程的自动化。他们利用传感器技术增强了机器间的交互，并采用第四代移动通信技术作为通信渠道，同时使用云技术确保数据的安全性，并通过大数据技术对数据进行分析。德国电信于两年前推出了数字化奶牛养殖监控技术。农民通过在养殖场安装温度计和传感器等设备，可以监控奶牛的受孕和分娩时间等关键信息，并且系统能自动将监控数据以短信形式发送至农户的手机。此外，初创公司"365FarmNet"为小型农场主提供了一套综合服务软件，涵盖种植、饲养及经营管理。该软件提供详细的土地信息、种植和饲养计划、实时监控及经营咨询服务，并便于与企业合作伙伴进行联系，以获取及时的服务支持。通过这些多样化的企业努力，积极研发的"数字农业"技术强有力地推动了德国农业的信息化。

三、德国升级乡村数字基础设施助力数字农业发展

德国高度重视农业信息化和农村地区的数字基础设施的发展，以有

效提升这些地区的网络服务水平。根据德国宽带地图集中的数据，2018年德国城市（超过500居民/平方千米）、半城市（100～500居民/平方千米）和农村地区（少于100居民/平方千米）在带宽服务水平上存在显著差异。具体来说，城市地区中有93.5%的家庭能使用至少50MB/s的高速带宽，而同等速率的农村覆盖率仅为50.5%。针对至少100MB/s速率的服务，城乡差异更为严重，城市地区的覆盖率为83.2%，农村地区则仅为19.4%。

为了缩小这一差距并提高农村地区的信息化水平，德国政府已实施一系列策略。2019年底，政府通过了《移动通信策略——宽带推广计划》，目标是给农村地区提供等同于城市的数据传输速率。此外，在"数字基础设施"特别投资基金的支持下，约5000个移动通信基站得到了总计11亿欧元的资金支持，这些项目在市政机构的全面协助下实施，特别是将数据连接速率低于30MB/s的地区纳入千兆网络的覆盖范围内。

同时，德国还批准了一个6000万欧元的资金计划，用以改善农业部门的移动通信基础设施，这一计划专门针对农民的需求，为农村地区量身定制本地网络服务。通过这些举措，农村地区的信息化基础设施得到了显著提升，进一步扩大了数字化解决方案在农业和农村领域的应用范围。

第四节　荷兰

荷兰在设施农业数字化方面的国家扶持政策和具体项目经验，体现了其在全球农业科技创新和应用推广方面的领先地位。

一、荷兰国家数字战略

荷兰的《数字化战略》旨在促进社会和经济的数字化转型。这些政策和项目不仅关注提高经济能力、确保数字技术的应用和网络安全，还包括教育信息化、开放数据政策、高等教育数字化转型、政府创新补助以及智慧精准农业等多个方面。

1. 国家数字战略：荷兰政府公布的国家数字战略包含 24 个目标，旨在帮助企业、消费者和公共部门充分实现社会和经济的数字化。该战略由荷兰公共安全与司法部、经济事务部和内政部牵头，覆盖气候、食品供应、物流和移动性等领域。

2. 教育信息化：荷兰大力发展教育信息化，构建了"四平衡模型"的整体架构，并通过 Kennisnet 基金会等组织进行监控，以提升基础教育的教学效果和教学效率。

3. 开放数据政策：荷兰政府开放数据的政策法规保障了数据的开放使用，包括完善开放数据标准、深化政府数据开放理念、加强组织保障等方面，为政府开放数据提供了参考。

4. 高等教育数字化转型：荷兰研究型大学协会等机构联合发布的《掌握数字化：数字化是高等教育理想转型的催化剂》报告，提出了服务全民终身学习、创新高等教育机制、促进数据资源流通等十项重点行动，以加速高等教育沿着正确的路线转型。

5. 政府创新补助：荷兰政府通过创新补助信号传递机制模型，显著促进了企业研发投入和实质性创新产出的增加，特别是对民营企业、处于成长期及公司高管等具有研发背景的企业的研发创新有显著激励作用。

以上国家政策展示了荷兰在数字化转型过程中的全面布局和深入实施，从教育到农业，从政府服务到高科技园区的发展，荷兰正通过多种措施推动国家和社会的数字化进程。

二、荷兰"卫星+大数据"的智慧精准农业模式

荷兰政府高度重视设施农业的数字化转型，将其作为国家战略的一部分。这一点从荷兰将园艺和繁殖材料部门指定为全球领先的所谓"顶级部门"中可以看出，这些部门是政府优先考虑的对象。

1. 卫星技术的应用：荷兰利用在距离地球上空 500~900 千米轨道上运行的地球观测卫星，每天收集大量数据，包括土壤质量、温度和大气条件等信息。这些数据不仅有助于分析农作物的生长情况，还能监测水质变化、造林和当前环境情况，为即将到来的季节提供分析数据。

2. 大数据在智能农业中的应用：虽然具体的项目细节未在证据中明确提及，但从智能农业的发展趋势来看，大数据技术在荷兰的应用是不可或缺的一部分。大数据能够处理和分析各种来源的信息，包括卫星数据、地面传感器数据以及气象数据，从而提高农业生产效率和精准度。

三、荷兰"黄金三角"农业创新机制

荷兰政府、企业和研究机构之间的"黄金三角"农业创新机制是一个高度协调和合作的体系，旨在通过公共与私人部门的合作促进农业科技创新和应用。这一机制的核心在于政府、企业和研究机构之间的紧密合作，以及对农业科技创新的需求驱动。

荷兰政府在推动农业创新方面扮演着关键角色。自 20 世纪 50 年代以来，荷兰政府根据国家农业发展的需求，对其农业科技体系进行了改革，整合了大学、国家研究机构和试验站的资源，提高了科研效率。此外，荷兰政府还通过政策协调和鼓励，促进了精准农作技术的发展，以适应市场需求的变化。政府还投资发展和实施综合农业系统（IFS），以实现可持续农业。

企业和研究机构在荷兰农业创新中也发挥着重要作用。例如，瓦赫宁根大学与企业、农户以及政府官员举行多次信息交流会，确保第一时间了解农户的需求。这种合作模式不仅促进了技术创新，还缩短了技术从研发向实际生产力转化的时间。此外，荷兰的农业科技体制演变显示，必要的组织创新是农业产业化的主要动力，而政府在产业化过程中应起主导作用。

研究机构在荷兰农业创新中同样不可或缺。荷兰拥有世界顶尖的农

业食品学科，如瓦赫宁根大学，这为农业科技创新提供了坚实的基础。研究机构不仅提供技术支持，还参与制定研究和行动议程，推广其他农业企业家的好例子和新知识。

荷兰的"黄金三角"农业创新机制强调了政府、企业和研究机构之间的紧密合作。这种合作模式促进了农业科技创新和应用，提高了农业生产效率和可持续性。通过政策支持、企业参与和研究机构的技术开发，荷兰成功地将农业科技创新转化为实际生产力。

四、荷兰公共—私人合作（PPP）模式的应用

公共—私人合作（PPP）模式的核心在于政府与私营部门之间的合作，旨在通过共享风险和利益来确保公共项目和服务的提供。这种模式在荷兰的应用表明了其对于促进制度、机制创新的重要性。

荷兰在 PPP 模式下的实践主要集中在农业领域，特别是在发展中国家的土豆价值链共同创新方面。自 2013 年以来，荷兰经济和外交事务部参与了私营公司在发展中国家的研发活动，这一政策被称为"从援助到贸易"的转变。这种合作不仅包括两国的研发组织，还特别包括两国的企业，以确保所有参与方之间物质和知识的逻辑流动。例如，在亚洲国家中国、印度、印度尼西亚、越南、孟加拉国和缅甸以及非洲的埃塞俄比亚和肯尼亚，围绕土豆业务机会形成了 11 个联合体，这些联合体根据各自国家的需求制定了研发项目。PPP 模式的成功关键在于合作各方的契约精神、合理的利益共享和风险分担机制。这与荷兰在 PPP 项目中政府和私人企业之间存在的优势互补与协同发展相呼应。荷兰的经验表明，PPP 模式能够有效地促进农业领域的数字化和创新，如农村基础设施建设、生态休闲农业、高标准农田建设等。

第五节　以色列

以色列作为一个科技创新高度发达的国家，其在数字乡村建设方面

的经验尤为值得关注。本节通过探讨以色列数字乡村的发展模式，总结数字乡村发展的国际规律。

一、以色列数字化建设战略背景

以色列是一个人口密度较高的国家，但其地理分布极不平衡，大部分人口集中在特拉维夫等大城市。为了促进人口向边远地区的分布，以及提升这些地区的经济活力和居民生活水平，以色列政府采取了一系列措施推动乡村地区的数字化建设。

二、以色列政策支持与实践经验

基础设施建设：以色列政府重视乡村地区的基础设施建设，尤其是高速互联网的覆盖。政府与多家私营企业合作，投资数亿美元，确保偏远地区也能享受到高速的互联网服务。这不仅为乡村居民接入全球信息网络提供了渠道，也为开展远程教育、电子商务和远程医疗等服务奠定了基础。以色列积极推动农业节水模式创新，广泛建设"节水型农场"，根据不同地区的自然条件和作物需求，灵活制定灌溉解决方案。通过实施滴灌、压力调节灌溉、循环用水、水肥一体化管理等措施，有效降低了水资源浪费，提升农业用水效率。与此同时，农业管理者借助大数据技术平台，对水肥供应、环境温湿度等关键环节实现精准控制和动态调整，从而提升农作物的产量与品质。整个灌溉系统实现了自动化运行，可根据作物生长阶段、土壤状况及气候变化，精确设定灌溉时长、水量及区域，显著提升了农业生产效率，兼顾节水与高产的目标。

教育与培训：以色列政府强调科技教育的普及，乡村地区的学校普遍配备了先进的计算机设备和教育技术。以色列政府推出了多种在线教育平台，使乡村学生能够接受与城市学生同等质量的教育资源。同时，以色列运用数字技术搭建了农业生产培训平台，实时向农业经营者发布最新农业技术动态和市场变化信息，帮助农民及时获取市场资讯，提升其农业生产能力和技术水平。

创新和企业孵化：以色列利用其在创新和高科技领域的优势，设立了多个科技园区和创业孵化器，鼓励乡村地区的青年创新创业。这些科技园区在为本地居民创造就业岗位的同时，也吸引了国内外资本的注入，推动了地区经济向多元化方向发展。同时，以色列农业以滴灌技术为核心，在中东干旱荒漠地区实现了高效农业发展，被誉为全球资源节约型农业的典范。该技术通过管道系统将水分与养分精准输送至作物根部，并在控制设备的调节下实现按需、定量、实时灌溉，使水资源利用率高达95%。

政府服务数字化：以色列政府积极推动政府服务的数字化，通过电子政务平台，乡村居民可以方便地进行税务申报、健康保险登记等各种公共服务的操作，大大提高了政府服务的效率和透明度。

三、以色列数字乡村发展现状

以色列的数字乡村建设取得了显著的成效，乡村地区的经济活力得到了增强，居民的生活质量显著提升。然而，挑战仍然存在，包括技术更新的速度、乡村地区人才流失问题以及数字鸿沟等。这些问题需要政府、私营部门以及社区的共同努力来解决。

以色列的实践表明，政府在数字乡村发展中扮演着重要的角色。政府的政策支持、资金投入和公私合作模式是成功的关键因素。此外，科技教育的普及、基础设施的完善，以及创新环境的营造也是不可或缺的支持条件。以色列通过发展先进农业技术以弥补自然资源的不足，发展出全球领先的农业技术中心的经验。我国在推动数字乡村建设时，需要根据自身实际情况，借鉴以色列的经验和做法，制定适合我国特点的发展策略。

以色列的数字乡村发展提供了一个成功的案例，显示了科技进步如何助力于乡村复兴。通过这样的国际比较和总结，有助于我们更深入把握数字乡村发展的国际经验与普遍规律，并为我国乡村的可持续发展提供有力的智力支持与实践指导。

第六节 英国

一、英国数字乡村的战略背景与概况

目前，英国农业生产呈现集约化、规模化经营模式，农业技术装备专业化和标准化水平较高、注重农业环境保护和循环发展，农业生产率已达到全球领先水平。在英国，农业仅以占GDP不足1%的产值承载了整个国民经济的运行，同时以不足全国劳动力的2%的农业劳动力人数生产了全国60%的农产品，反映了英国相对较高的农业技术水平和农业集约化水平。19世纪以后畜牧业逐步取代种植业的地位，并不断上升至主导地位。英国的农业呈现出生产信息化、精准化和可持续发展等特点。

二、英国政策支持与实践经验

2019年，英国100%的农民拥有手机，所有的英国农场有电脑且99%能上网，实现了农民通过互联网购买农业投入、进行农业营销活动的可能性并使得超过半数的农民通过互联网获得收益。英国农业信息化从起步就一直非常注重和加强基础数据建设。从政府、学校到企业、农场等根据不同需求目标，围绕产前、产中、产后不同阶段，建设了大量基础性数据库并积累了丰富数据资源，为政府决策、科学研究、生产经营等提供了有效基础支撑。国际英联邦农业局建立了庞大的农业数据库系统，包括农业环境、作物种植、动物科学、食品营养等各方面信息，每年更新数据超过35万条，迄今已为690万农业科研人员提供了数据查询和科研服务。英国政府还统一规划建设并运行了"全国土壤数据库""农业普查数据库""单一补贴支付数据库"等基础数据库系统。其单一补贴支付数据库包含了英国每个农场的基本信息，包括农场规模、牲畜数量、农机具情况、每一地块的具体信息（编号、面积、边界、拥有者、耕种者、用途等），等等，数据非常翔实，是政府发放农

业补贴的重要依据。一些大学、农业研究机构、软件公司等，也根据农民需要建立了许多专业性的数据库，成为国家数据资源的重要补充。集卫星定位、自动导航、遥感监测、传感识别、智能机械、电子制图等技术于一体的精准农业在英国得到全面发展，成为信息化高新技术与复杂农艺技术深度融合的典范。

目前，全英已有超过1/5的农场全面实现精准农业生产，其余农场也都不同程度地应用了精准农业技术。英国的农田作业拖拉机全部装备了卫星定位系统，田间耕作、播种、收获、施肥、施药等机械全部加装了电脑控制系统和软件应用系统。这些高度信息化的机械设备，不仅能根据不同地块的地形地貌、肥沃程度、土壤墒情、作物种类等采取不同的作业方案，确保最佳效果，而且在同一地块内，也能根据不同位置的土壤情况实现自动化耕作、精量化点播、变量化施肥施药。同时，这些信息化的机械设施在作业过程中，还能自动全过程收集地块不同位置的产量、地力、商情、作物长势等信息，存储或者传输到数据中心，以便制作成不同地块的产量电子地图，地力电子地图，酸碱度电子地图，氮、磷、钾分布电子地图等，为农业机械精准作业提供依据。

信息化技术推动英国农业向数字化、智能化、精准化的方向发展。完备的信息化基础设施使得精准农业技术在农业的全方位应用得以实现，如借助遥感技术进行作物生产监测与产量预报、农业资源调查、农业生态环境评价和灾害监测等；英国Massey Ferguson公司研发的"农田之星"信息管理系统，借助传感识别技术和GPS技术能够更为精准地进行种植和养殖作业、数据记录分析和制定解决方案；智能机械已基本装备卫星定位系统、电脑控制和软件应用系统，能够根据不同位置、不同质量的地块情形实现自动化、精准化、变量化作业，同时可以采集作物信息用以制作电子地图和调整生产策略。

英国制定的《农业技术战略》，提出了应用大数据、物联网技术和智能技术进一步发展精准农业，从而提升农业生产效率，如借助Gate-Keeper专家系统提供辅助决策和农场管理、LELY挤奶机器人等智能化设备在养殖场中的应用、自动感知技术在施肥施药机械上的应用、二维码技术在农产品产销环节的广泛应用等。

以自动感知技术为代表的物联网技术在英国农业中得到广泛应用。在英国农场中广泛使用的施肥机械、施药机械宽度大多在 24 米左右，虽然很宽很大，但是作业十分灵巧和精准，主要是机械上加装了很多感知作物高度、密度等指标的传感器，能够根据作物长势灵巧地调节作业高度、倾斜度、肥药喷洒量等。一些农场使用传感器、无线视频设备等对农场进行全方位无线监控和管理。二维码技术在英国农产品销售、仓储管理、物流配送与追溯中得到广泛使用，消费者可以通过手机扫描农产品包装上的二维码，便捷地追溯到每个产品的身份信息。英国在农产品仓储设施、冷库冷链系统中，已经全部使用传感器技术，实时自动感知仓储温度、湿度等指标，并与网络或者手机联网，实行远程报警和自动控制。英国养羊业已经全部应用了电子耳标，部分牛的饲养也开始使用电子耳标或者电子项圈，通过无线技术记录动物出生、转运、免疫等个体信息，并同步到网络数据中心。

三、英国数字乡村发展现状

政府增加农业科技不同领域的投资，包括作物和畜牧基因组学、农业工程（传感器、自动驾驶汽车、机器人、精准农业）、遗传学、营养学、食品科学、作物和畜牧健康、育种、环境科学、人类健康学、功能食品、营养药品、清洁技术和废弃物产能、工业合成生物学。英国在农业科技领域具有优势，包括：大学和研究机构在农业重要领域的研究处于世界领先地位，拥有众多富有活力和创造力的农民、食品制造商和零售商，有能力通过出口农产品和农业科技影响国际市场。

同时，农民信息服务渠道比较健全。经过多年的发展，英国基于早期建立的完善的农业技术推广服务体系，借助信息化手段建立了非常便捷、高效的现代化农业信息服务体系。根据不同的信息内容，主要分为三类。第一类是政府组织，开发建设了权威的农业农村信息服务网站或者综合信息服务平台，旨在免费为农民、农业科研工作者提供政策、科技、天气等方面的公共服务信息。英国政府还和有关机构建设了网络化的农业经济评价系统，任何农场都可以把自己的投入、产出等经济数据输入系统，方便与系统中的标准数据及其他农场的经营数据进行对比分析，以确定自己农场的经营水平和状况。第二类是各种独立于政府的农业社会化服务组织，主要通过低价有偿或者会员方式为农民提供市场动态、生产经营分析、技术咨询、维权援助等信息服务。第三类是各种企业等市场主体，通过商业化模式建立了有影响力的农业技术专家团队和针对性较强的专业性农业信息服务平台，农民能够及时通过网络或者手机获得这些机构的相关信息服务。

第七节　巴西

巴西的数字乡村发展正逐步成为该国农村地区的一个重要趋势。在过去几年中，数字技术的应用已经开始改变巴西农村地区的生活方式和经济格局。数字技术的应用已经成为改善农村地区经济、教育、医疗等方面的重要手段。然而，巴西仍需加大投资力度，促进数字技术在农村地区的普及和应用，以实现更全面的数字化乡村发展。

一、巴西数字乡村成为国家发展战略

巴西的数字乡村发展，作为国家发展战略的核心要素，正引领着农业现代化与乡村振兴的新篇章。在这一宏伟蓝图中，巴西政府高度重视科技创新与数字化转型的潜力，将其作为推动国家发展的重要引擎。

为了加速数字化转型的步伐，巴西科技与创新部精心制定了《巴西数字化转型战略2022—2026》。这一战略旨在协调联邦行政部门与数字环境相关的举措，为未来几年的发展指明了方向。巴西政府通过实施一系列新行动，不仅彰显了其对数字化转型的坚定决心，也进一步凸显了数字化在国家发展中的战略地位。

在数字乡村建设的道路上，华为等企业发挥了举足轻重的作用。华为成功在巴西部署的 RuralLink 方案，通过简化站点部署，极大地改善了农村地区的无线网络覆盖情况。这一举措不仅为农村居民提供了更广泛的互联网接入，也为信息通信技术（ICT）的普及和应用奠定了坚实基础。这充分展示了巴西政府与企业共同致力于解决农村地区数字基础设施不足问题的决心与行动。

此外，巴西在农业科技创新方面也取得了令人瞩目的成就。国家农村学习服务中心通过开设职业课程和技术援助，已培训了数以万计的农村生产者和工人。这种对农业科技创新的深度投入，不仅提升了农业生产效率，也为农村地区的数字化转型提供了有力支持。

知识与技术的融合也是巴西数字乡村发展的重要一环。Embrapa 等机构在农业领域的努力，为数字化转型提供了强大的动力。通过汇聚众多农业专家和领导人的智慧，对大量文件进行深入分析，并举办多场活动讨论，巴西正积极展望农业的未来发展方向。这种融合不仅有助于提高农业生产的专业性和可持续性，也进一步推动了农村经济的繁荣发展。

综上所述，巴西的数字乡村发展正以其独特的战略视角和全面措施，引领着农业现代化和乡村振兴的潮流。通过改善数字基础设施、推动数字化转型、加强农业科技创新，以及促进知识与技术的融合等多方面的努力，巴西正稳步迈向农业现代化和乡村振兴的美好未来。

二、巴西数字乡村基础设施建设

巴西的乡村网络基础设施和信息服务基础设施在过去几年有所改善，但与城市地区相比仍存在一定的差距。以下是一些关于巴西乡村网络基础设施和信息服务基础设施的数据和情况描述。

1. 互联网接入率：根据巴西国家统计局（IBGE）的数据，截至 2020 年，巴西全国互联网接入率为 76.6%。然而，巴西农村地区的网络覆盖率仍然不足。巴西农业部表示，目前全国 23% 的农村地区（包括住宅用地）已覆盖4G网络。此外，农村地区从未使用过互联网的人口占比26%，高于城镇地区水平（12%）。这些数据反映出巴西农村地区在网络覆盖和互联网使用方面的落后状况，存在数字鸿沟问题。

2. 宽带覆盖：巴西政府一直在努力提高乡村地区的宽带覆盖率。根据2019年巴西国家电信局（Anatel）的数据，巴西全国宽带覆盖率为73.6%，而农村地区的宽带覆盖率较低。

3. 移动网络覆盖：移动网络在巴西的乡村地区普及程度相对较高。根据Anatel的数据，截至2020年，巴西全国移动电话普及率达到了120%，但在一些偏远地区仍存在信号覆盖不足的情况。

4. 信息服务基础设施：巴西的乡村地区通常缺乏完善的信息服务基础设施，如图书馆、文化中心和电子政务服务等。一些地方政府和非政府组织正在努力改善乡村地区的信息服务设施，但仍有待进一步发展。

5. 政府项目和投资：巴西政府通过一些项目和投资，如"Gesac"（社会接入互联网计划）等，致力于提高农村地区的互联网接入率和信息服务设施。这些项目通常通过提供互联网接入设施和培训来支持乡村地区的数字化发展。华为在巴西成功部署了RuralLink方案，这是一个旨在改善农村地区无线网络覆盖并提供更广泛互联网接入的项目。通过利用"1个RRU＋1面天线"赋形3个LTE扇区的方式，简化了站点部署，有助于巴西运营商改善农村地区的无线网络覆盖。

巴西在提升乡村网络基础设施方面已经取得了一定的进展。巴西政府和相关机构正通过各种措施努力缩小这一差距，以促进数字包容和提高农村地区的网络接入能力。

三、巴西数字乡村典型案例与应用场景

1. 数字农业平台：Agrosmart是一家总部位于巴西的农业科技公司，他们的数字农业平台利用传感器、气象数据和人工智能等技术，帮助农民实现精准农业管理。通过实时监测土壤水分、气象条件和作物生长状

况等数据，Agrosmart 的平台可以提供个性化的农业建议，帮助农民优化灌溉、施肥和病虫害防治等农业活动，提高农产品产量和质量。

2. "Escola Rural Conectada" 计划：在巴西南部的一个偏远农村地区，政府启动了 "Escola Rural Conectada" 计划，旨在通过数字技术改善农村地区的教育资源。该计划通过提供互联网接入和数字设备，帮助学校实现数字化教学和远程教育。学生可以通过网络学习课程内容，参与在线教育活动，从而获得更丰富的教育资源和提升学习效果。

3. 数字支付平台：PicPay 是巴西的一家数字支付平台，他们开始在农村地区扩大用户群体，为农民提供便捷的金融服务。农民可以利用 PicPay 的移动支付功能进行支付和转账，避免了现金交易的不便和安全风险。这种数字金融服务的应用帮助农民更方便地进行金融交易，提高了金融包容性和金融服务可及性。

4. 智慧农业和智慧广电乡村工程：巴西持续实施数字乡村发展行动，旨在发展智慧农业，缩小城乡之间的"数字鸿沟"。此外，还鼓励有条件的省份统筹建设区域性大数据平台，加强农业生产经营的数字化管理。

5. RuralLink 方案：华为在巴西成功部署了 RuralLink 方案，通过简化站点部署，利用 "1 个 RRU + 1 面天线" 赋形 3 个 LTE 扇区，改善农村地区的无线网络覆盖，提供更广泛的互联网接入，促进数字包容。

6. xarvio©农艺专家项目：巴斯夫在巴西推出创新的 xarvio©农艺专家项目，通过先进的 xarvio FIELD MANAGER 作物优化平台将独立的农艺咨询公司与农民联系起来，推广数字农业技术。

这些案例展示了巴西数字乡村建设的一些具体应用场景，涵盖了农业、教育和金融等领域。通过数字技术的应用，巴西正在逐步改善农村地区的生活和经济状况，提高了农民的生产效率和生活品质。这些项目和措施体现了巴西在数字乡村发展方面的多方面努力，旨在通过技术创新和基础设施建设，提升农村地区的数字化水平，促进农业现代化和经济的可持续发展。

第八节　世界数字乡村发展给予中国的经验与启示

数字乡村建设是推动农村经济发展、社会进步和生态文明建设的重要途径。虽然每个国家的具体情况不同，但在数字乡村建设方面有一些共性的经验做法。我们可借鉴全球主要国家的成功经验，结合我国国情，以数字化赋能乡村产业发展、乡村建设和乡村治理，注重顶层设计与基层创新相结合，多措并举，因地制宜，整体带动农业农村现代化发展、促进农村农民共同富裕，推动农业强国建设取得新进展、数字中国建设迈上新台阶。

一、全球数字乡村发展的趋势

（一）乡村数字基础设施新技术取得突破

乡村数字信息基础设施是数字乡村发展的信息"大动脉"，得到各国普遍重视。根据国际电信联盟数据，截至2021年，美国、英国、加拿大等国的4G移动通信网络人口覆盖率均达到99%以上，家庭互联网接入率均超过85%。在美国联邦通信委员会"农村数字机遇基金"的资助下，"星链"高速互联网通信卫星系统已经开始建设并初步投入使用，其最终目标是实现在全球任意地点通过卫星接入高速互联网，能够为全球农村偏远地区提供低成本高速互联网接入服务。截至2021年底，该系统已开始向北美洲、南美洲、欧洲、大洋洲的14个国家提供服务。各国乡村数字基础设施迈向全覆盖、高速率，数字基础设施建设呈现从地表向太空突破的趋势。

（二）农业数据成为农业生产新要素

以大数据、人工智能、物联网为代表的第四次工业革命是大数据的革命，未来农业发展将属于那些能够获得农业大数据并且充分利用农业大数据的国家。同时，为了应对气候变化和全球农业生产竞争不断加强的挑战，各国深度挖掘和发挥农业大数据作为生产要素的助力作用，将大数据应用与农业发展深度融合，不断推进农业产业现代化。截至2021年10月，许多发达国家构建了自有农业科技研发系统，利用农业大数据支持现代农业发展。欧盟委员会提出"农业生产力与可持续的欧洲创新伙伴关系计划"（EIP-AGRI），建立"地平线2020"计划与农村发展支持计划之间的联系。政府邀请企业参与制定需求，并由政府和企业共同资助各类科研机构深入挖掘农业大数据的商业价值。2021年以色列农业凭借较高的信息化和数字化基础，充分利用农业大数据新型生产要素，将人的因素纳入农作物生长及环境状况的大数据分析范畴，实现农业管理信息化，其农业数据产品服务于多国农业生产。

（三）数字技术成为农业高质量发展新引擎

新一代数字技术与农业的深度融合发展孕育出第三次农业绿色革命——农业的数字革命，使农业进入了网络化、数字化、智能化发展的新时代。发达国家高度关注农业数字化发展，积极推进农业数字化关键技术的创新。以美国为代表的大田智慧农业、以德国为代表的智慧养殖业、以荷兰为代表的智能温室生产，以及以日本为代表的小型智能装备业已经形成相对成熟的技术产品和商业化发展模式。此外，数字农业正在推动全球各国农业产业的标准化、品牌化，提升了农产品的价值。随着互联网技术普及和消费水平提升，2020年全球农产品电商贸易规模同比增长40%，电子商务已经逐步成为"互联网+农业"发展的重要切入点，不断促进全渠道融合和产业生态融合，驱动农业产业逐渐向高质量发展。

（四）数字化成为乡村治理新赛道

数字技术与治理体系深度融合，引领各国乡村治理创新推进，驱动社会治理模式呈平台化变革，对服务流程优化、政府架构改进、外部社会治理等进行数字化重塑。2021年3月，美国推出新举措旨在收集农村地区个人的大数据以了解和缓解农村健康差异。取得的阶段性成果包括建立美国东南部农村地区心脏和肺部疾病大数据平台，为农村地区医疗健康服务和治理提供准确和科学的依据。2021年6月，国际基金组织发布的《金融服务的人工智能创新报告》指出，人工智能技术在新兴市场的应用使金融服务提供商能够进一步发展自动化业务流程，并利用新的大数据源来克服传统融资障碍：为农村和低收入客户提供服务、降低收集客户信息的高成本以及由于信誉问题阻止向许多消费者提供金融服务。

（五）数字化成为乡村绿色发展新动能

数字技术的深化应用有效推动各国农业生产中"减肥、减药、节水"的绿色行动，赋能美丽乡村建设，为乡村绿色可持续发展提供新动能。美国纽瓦克垂直农场通过对作物生长环境和长势进行监测，利用大数据技术进行智能决策，相较传统农场，节水95%，减肥50%，实现了农药零投入。爱尔兰 MagGrow 公司开发的农药喷洒机器人成功解决了农药漂移问题，减少农药施用量可达65%~75%。瑞士 EcoRobotix 公司开发的田间除草机器人可以对杂草进行准确识别，通过机械手臂对杂草精准喷洒除草剂，大幅减少了农药施用量。德国的大型农业机械通过配备"3S"技术在农业生产中实现了精准操控和智能决策，通过矢量施肥与喷药，显著提高了药、肥利用率，促进了农业生产绿色发展。日本以数字技术为支撑，对乡村自然资源和环境进行科学规划与管理，构筑健康和谐的自然生态系统，保护了乡村美丽景观，焕发了老旧乡村的新活力，重新展现了农山渔村的特色魅力，激活了农山渔村振兴新动能。

二、对中国数字乡村建设的借鉴与启示

（一）加大战略引导与政策支持，深化数字乡村战略

1. 持续深化数字乡村发展战略的内涵。在数字乡村建设中，政府的战略引导和政策支持起着至关重要的作用。全球主要国家均制订了各类数字乡村发展计划，明确目标和任务，提供法规和资金支持，如美国农村发展计划、英国农村宽带交付补贴计划等，都体现了政府对数字乡村建设的重视和支持。尤其是美国通过制定全面的数字乡村发展战略，明确了目标和任务，并通过联邦通信委员会设立农村数字机会基金，目

标是10年内拨款204亿美元，支持农村地区的千兆宽带网络建设。我国可以借鉴这些做法，通过政府的顶层设计，确保数字乡村建设的战略性、系统性和连贯性，并且保持战略实施能够与技术发展、形势变化、现实需求相适应。

2. 不断加大数字乡村发展的支持力度。各国在数字乡村建设方面不遗余力，为数字乡村建设提供充足的资金支持，如美国通过联邦通信委员会设立农村数字机会基金，德国粮食和农业部拨款逾5000万欧元启动数字化试验项目。我国可以借鉴这些国家的做法，加大政策支持力度，通过制定相关政策、提供补贴和税收优惠等措施，引导和鼓励各类主体参与数字乡村建设，特别是加大对农村地区的基础设施建设、人才培养和技术研究的投入力度，为数字乡村建设提供坚实的物质基础和政策保障。

3. 注重因地制宜与分类指导。农业农村发展具有很强的地域特点，美国在基础设施建设、教育和培训、创新和创业等方面进行了具体和差异化的指导和支持，日本由于耕地总量少且分散等国情开发出了实用性强、智能化程度高的农业机械，走上了小规模精细化模式，并形成了以微耕技术、精致农业为特色的精细农场。我国各地农村发展水平和资源禀赋差异较大，在数字乡村建设中应注重因地制宜和分类指导，根据不同地区的实际情况制定针对性的发展策略和措施。同时，加强区域间的交流与合作，共同推动数字乡村建设的全面发展。

4. 着力推动跨部门协作与监测。跨部门协作与监测是数字乡村建设顺利推进的重要保障。如法国、德国、印度等国家，在数字乡村建设中形成了良好的协作机制，共同推进项目实施。我国应借鉴这些经验，加强政府部门之间的协作，形成工作合力，确保数字乡村建设顺利推进。同时，建立健全监测指标体系，定期对数字乡村建设情况进行评估和监测，及时发现和解决问题。

(二) 全面提升农村数字基础设施，释放数据要素价值

1. 推动农村网络服务水平量质齐升。基础设施建设是数字乡村建

设的物质基础。以色列政府重视乡村地区的基础设施建设，尤其是高速互联网的覆盖，政府与多家私营企业合作，投资数亿美元，确保偏远地区也能享受到高速的互联网服务。德国政府通过《移动通信策略—宽带推广计划》，以及"数字基础设施"特别投资基金的支持，升级了乡村地区的网络服务水平，以等同于城市的数据传输速率为目标，提升农村地区的信息化水平。巴西政府和相关机构正在通过各种措施努力缩小城乡之间的差距，以促进数字包容和提高农村地区的网络接入能力。我国应当进一步加强农村地区的互联网接入速度和质量提升，适应农业农村数字化、智能化的发展新趋势，为数字乡村建设提供坚实的物质基础。

2. 打造更加精准适用的农业农村综合平台。英国利用集卫星定位、自动导航、遥感监测等技术于一体的精准农业，通过集成信息技术与农艺技术，实现了农业的信息化、精准化和可持续发展。德国电信推出的技术使得农民能够监控奶牛的受孕和分娩时间等关键信息，并通过大数据技术对数据进行分析，提高农业生产效率。这些农业综合平台涉及信息技术的深度应用和服务体系的完善，我国农业农村信息化经过长期建设，已经形成了大量应用平台，还应结合新时代农业生产经营模式和农业从业者特点，不断改进更新各类农业农村综合平台的功能，进一步强化数字赋能。

3. 构建整合型农业农村数据资源平台。数据已成为至关重要的生产要素，在农业变革中发挥着巨大作用。美国通过建立多个农业数据库，实现了农业生产全过程的数据化管理，为决策提供了科学依据。荷兰利用大数据技术对农业生产进行精准指导，提高了农作物的产量和质量。英国通过数据共享和应用，推动了农业产业链的协同创新和效率提升。我国应加大农业农村大数据的整合利用力度，整合各地、各部门的数据资源，实现数据的互联互通和共享利用，加强数据分析和挖掘能力，为农业生产、市场预测、政策制定等提供科学依据，进一步释放农业数据要素价值，快速推动现代农业乘"数"而上。

(三) 强化数字技术创新与应用推广，加快农业数字化转型

1. 强化农业数字化技术创新。技术创新是推动数字乡村建设的重要动力。美国通过持续的资金投入，确保了从农田到餐桌的每一个环节都能得到信息技术的支持。日本强调信息技术的应用深度，如在农田监测、农产品流通等领域广泛应用信息技术。荷兰的"黄金三角"农业创新机制，应用公共—私人合作（PPP）模式，通过政府、企业和研究机构之间的紧密合作，促进了农业科技创新和应用。以色列利用其在创新和高科技领域的优势，设立了多个科技园区和创业孵化器，鼓励乡村地区的青年创新创业。我国需要加强农业科技创新和推广应用，加大对农业科技创新的支持力度，鼓励科研机构和企业开发适应我国各地农业特点的数字技术，鼓励农业生产经营主体积极应用现代信息技术，发挥数字技术在乡村振兴中的驱动作用，实现信息技术与农业生产、乡村治理等深度融合。

2. 加快农业数字化转型步伐。农业数字化转型是数字乡村建设的重要方向。美国利用 RS（遥感技术）、GPS（全球定位系统）和 GIS（地理信息系统）等技术，实现了农业生产的精准化管理，提高了资源利用效率。日本注重农用无人机的研发和应用，为农业生产提供了便捷、高效的服务手段。德国的农业机械化、自动化和智能化水平全球领先，这得益于其持续的科技创新和研发投入。我国应持续推广 RS、GPS 和 GIS 等先进技术的应用，加快引进和研发智能化农机设备，提高农业生产的自动化和智能化水平，实现农业生产的精准化管理，推动农业生产方式的变革和升级，提高农业生产效率和产品质量，推动农业数字化转型的深入发展。

3. 大力发展农村电子商务。从全球主要国家来看，发展农村电子商务是乡村振兴的普遍做法。日本政府通过出台一系列政策，支持利用数字化手段进行农产品的市场推广和销售。例如，通过稳定的价格制度、最低价格保护制度和差价补贴制度，对数字化农产品进行价格管理，增强其在市场上的竞争力。英国通过提升宽带接入水平和完善物流

配送体系，为农村电子商务的发展提供了有力支持。美国电子商务的广泛应用为农产品的销售打开了新的市场空间。电子商务是我国数字经济发展的一大亮点，未来应当进一步扩大农村电子商务规模，完善农村物流的配送体系，拓宽农产品的销售渠道，尤其是利用网络化渠道促进农产品进城。结合当前直播电商火热的背景，利用头部平台和头部主播的带货能力，提高农产品电商能级。此外，还应加强农产品品牌建设和营销推广，提高农产品的附加值和市场竞争力；适度发展农产品跨境电商，助力特色农产品出海。

（四）完善各类市场主体参与机制，汇聚数字乡村发展合力

1. 积极吸引各类市场主体参与乡村建设。企业是数字乡村建设的重要力量，各国普遍鼓励企业等各类市场主体参与数字乡村建设，通过市场机制激发企业活力。德国的大型企业在推动数字农业技术的研发方面发挥了关键作用。巴西的 Agrosmart 利用传感器、气象数据和人工智能等技术，帮助农民实现精准农业管理。我国应通过政策激励和市场机制，吸引更多的企业参与数字乡村建设，同时建立广泛的合作机制，鼓励各类机构与农业企业合作。企业不仅可以提供技术和服务，还可以通过创新商业模式，为数字乡村建设注入新的活力。

2. 完善数字乡村建设的多元参与机制。各国普遍重视在数字乡村建设过程中引入多元参与机制，形成政府、企业、研究机构、金融机构、网络运营商等多方参与并发挥各自作用的良好模式。美国政府鼓励各类机构与农业企业合作，以确保农民获取足够公开透明、及时有用的农业发展信息、知识和金融服务，共同推动数字乡村的发展。荷兰瓦赫宁根大学等研究机构不仅提供技术支持，还参与制定研究和行动议程，激发农业创新。我国应强化多元参与机制的建立健全，探索通过 PPP 等模式，促成政府与私营部门共同承担风险、分享利益，引导社会资源向农村地区倾斜，形成良好的合作生态。

3. 利用财政资金撬动金融资本支持数字乡村建设。财政、金融协同推动数字乡村建设是各国的普遍做法，有助于推动数字乡村可持续发

展。各国政府通过财政和信贷支持、项目投资、与企业合作等多种方式，为数字乡村建设提供金融和资本保障，推动乡村地区的数字化转型和发展。例如，日本通过信贷支持助推数字农业发展，降低数字农业发展的融资成本，拓宽数字农业发展的融资渠道，借助债务担保的形式鼓励各大银行投资数字化农业的建设，国家对银行因投资数字化农业而受到的损失给予一定的赔偿。我国应加大政府投入力度，发挥好政府在数字乡村建设中的主导作用，通过财政和信贷支持为数字农业提供稳定的资金来源，降低数字乡村融资成本和风险，激励更多的资本投入数字乡村建设。

（五）发展数字化公共服务，提升乡村数字化治理水平

1. 提高公共服务数字化水平。公共服务的数字化是提高政府服务效率和透明度的重要途径。英国通过电子政务平台提供税务申报、健康保险登记等服务。以色列通过电子政务平台提高了政府服务的效率。我国应利用数字技术优化农村地区政府服务，提高服务效率和透明度。通过建立电子政务平台，实现公共服务的数字化，使农村居民能够方便享受各类公共服务，提高政府服务的可达性和便捷性。

2. 加大农民数字化教育培训力度。教育普及和知识共享对数字乡村建设至关重要。美国建立了完善的数字化教育培训体系，涵盖了政府、学校、企业等多个方面。英国通过社区数字中心和培训项目，为农村居民提供了丰富的数字化教育资源和学习机会。德国注重技术和职业培训的结合，为农民提供了全面的数字化技能培训。我国应加强农村数字服务普及与培训，建立完善的农民数字化培训体系，提供丰富的教育资源和学习机会，提高农村居民的数字素养，注重培训内容的针对性和实用性，为农民提供更多的创业和就业机会。

3. 扩大在线优质教育资源供给。优质教育资源的不均衡是我国基础教育面临的一大难题，数字技术是缓解这一问题的有力方式。从国外来看，以色列政府推出了多种在线教育平台，使乡村学生能够接受与城市学生同等质量的教育资源。荷兰的"四平衡模型"通过 Kennisnet 基

金会等组织进行监控，以提升基础教育的教学效果。我国应加强农村教育领域数字化建设，通过建立在线教育平台和优质教育资源共享项目，使农村地区的中小学生能够接受与城市同等质量的教育资源。

4. 注重乡村文化传承与数字化结合。世界各地都在尝试将乡村文化与数字技术结合，通过数字化手段记录和展示乡村的历史、传统和民俗。我国应深入挖掘和传承乡村文化，利用数字技术使其焕发新的活力，不断增强乡村的文化自信，促进乡村旅游和文化产业的发展。大力开展乡村文化遗产的数字化保护工作，建立数字文化档案和数据库，利用 VR、AR 等技术打造乡村文化体验馆或虚拟旅游项目，通过社交媒体和网络平台宣传乡村文化和特色旅游资源，吸引更多游客前来体验和消费，在保护传统文化的同时促进乡村经济发展。

第三章
中国数字乡村发展现状与未来

数字乡村建设是立足于我国新时代农业农村发展现状而作出的重要战略部署,是乡村振兴的战略方向,也是建设数字中国的重要内容。近年来,中国数字乡村建设在数字基础设施建设、智慧农业、乡村数字新业态培育、数字化乡村治理与服务等方面取得了巨大的成就,很多领域实现了从 0 到 1 的突破。随着中国数字乡村建设的稳步推进,其在发展过程中存在的问题也不断凸显,这些问题的存在不仅影响了我国数字乡村的建设水平,也影响了数字乡村对乡村振兴的赋能。针对数字乡村建设中存在的问题提出针对性的措施以助力数字乡村发展,这对于我国数字乡村高水平建设、乡村振兴战略和农业强国战略的实施具有重要意义。

第一节 中国数字乡村发展的现状

一、乡村数字基础设施建设快速推进

农村网络基础设施已实现了全覆盖,5G、千兆光纤等高质量网络建设也在陆续推进。为了提升农村及偏远地区的网络覆盖水平,政府实施了一系列政策以引导资金、企业主体等在农村地区推进电信普惠服务,支持全国 13 万个行政村光纤网络建设、6 万个农村的 4G 基站建设,实现了所有行政村的"村村通宽带";截至 2022 年 8 月,全国已累计建成并开通 5G 基站 196.8 万个,5G 网络覆盖所有地级市城区、县城

城区，实现了"县县通5G"[①]，这为数字乡村建设的顺利推进提供了坚实的网络基础设施支撑。

传统基础设施的数字化改造及新型基础设施的建设也在加快推进。农村公路、水利、电网的数字化转型取得了积极进展，2023年，全国具备检测条件的农村公路路面自动化检测里程超过200万千米。94项数字孪生流域建设先行先试任务完成验收，形成《数字孪生水利建设典型案例名录（2023年）》。完成50万处集中供水工程、534万处分散供水工程、4.1万座在运小水电站、450个大型及6876个中型灌区的基础信息动态更新，农村地区供电可靠率超99%。为加快农村电商发展、农产品的高效流通，截至2022年底，我国已建立了6.9万个产地冷藏保鲜设施，1500个县级物流和寄递配送中心，7600个乡镇快递和邮件处理站点，95%的行政村实现了快递直达。

二、数字农业稳健发展趋势

农业产业数字化转型稳步推进。中国农业产业信息化率有了较大提升，农业传感器、智能网联终端等智能农机装备的应用和覆盖范围也有所提升。2022年，农业生产信息化率为27.6%，农业信息化水平不断提升。农业传感器、智能网联终端等智能农机装备的覆盖范围也在逐步扩大。2022年，湖南益阳市水稻耕种收综合机械化率达86.5%，较上年增长1.3个百分点，全市农机装备总量持续增加，装备结构持续优化。

数字技术的应用及农业数字平台的建设有所突破。人工智能、大数据、云计算、导航、机器视觉等技术的创新，推进了新技术在农业领域的应用。目前，人工智能技术不仅用于智能农机的种植和农药喷洒功能，还延伸到了土壤监测、作物识别等领域。物联网和云计算技术已应用于土壤成分分析、作物生长状态检测及分析。在技术发展的推动下，

[①] 农业农村部信息中心：《中国数字乡村发展报告（2022年）》，中央网信办信息化发展局、农业农村部市场与信息化司，2023年。

农业数字平台建设也逐步推进，河南现已建成39个"三农"专题数据库，形成了"三农"服务"一张网"①。浙江省搭建了智慧农业云平台，实现了纵向"部—省—市（县）"、横向"农业—农村—农民"的数据协同机制，助力现代数字技术与乡村生产生活生态全面融合，并入选了当年的数字农业农村新技术新产品新模式优秀案例。

三、新业态新模式蓬勃兴起

农村电商保持良好的发展势头。淘宝、拼多多、京东等电商平台的出现，再加上数字普惠金融的发展，农村电子商务的出现有效缓解了农产品销售难题，提高了农户收入。近年来，农村电商表现出良好的发展势头，农产品网络销售额再创新高。农业农村部的统计数据显示，2023年，全国农村网络零售额达2.49万亿元，较上年增长15%。电子商务进村示范项目的推进，有效拉动了农村经济增长，推动了农产品上行。截至2022年7月，电子商务进农村综合示范项目累计支持1489个县，支持建设县级电子商务公共服务中心和物流配送中心超2600个②。电子商务在脱贫攻坚中也发挥了巨大的作用，截至2022年底，"832平台"入驻脱贫地区供应商超2万家，2022年交易额超136.5亿元，同比增长20%。

乡村新业态蓬勃兴起，产品的服务和质量也有了很大的提升。就民宿经济而言，《携程乡村旅游振兴白皮书（2023）》显示，2017年全国民宿的新增注册量只有8600家，而到2018年激增至2.2万家，截至2023年10月底，全国民宿相关企业数量已达到22.3万家。乡村新业态在迅速发展的同时产品品质也得到了有效提升，携程平台数据显示，从2019年开始，三星级以上乡村民宿在民宿中的占比持续增加。从2019年的占比4.05%，增加至2023年的8.89%，增长超过1倍。而随着高质量乡村住

---

① 刘晓波：《数字正在成为"新农资"》，《河南日报》，2021年5月13日。
② 钞小静：《数字经济时代背景下城乡收入差距的新变化及破解路径》，《新疆师范大学学报（哲学社会科学版）》，2024年第45卷第5期，第58—66页。

宿的比例提升，乡村旅游的"平均停留时长"也保持了同步增长。

四、数字化治理与服务能力逐步提升

农村"三务"公开和"互联网+政务服务"的覆盖范围不断扩大。为了推进村级事务公开，加强村级权力有效监督，各地区积极推进农村党务、村务、财务网上公开，全国农村"三务"公开覆盖率有了很大的提升。《中国数字乡村发展报告（2022年）》显示，全国"三务"网上公开行政村覆盖率达78.4%，较上年提升6.3个百分点，党务、村务、财务公开率分别为79.9%、79.0%、76.1%。数字技术的发展也推动了政府服务方式的改变，"互联网+政务服务"模式在各个地区得到了有效推广，"互联网+政务服务"模式在提高工作效率、提升服务效能的同时也极大地方便了群众。截至2022年底，全国已建设355个县级政务服务平台，更多涉农服务事项实现"网上办""掌上办""自助办"，政务服务"一网通办"逐步成为数字乡村建设的标配，政务服务的数字化水平也得到了有效提升。

基层治理能力和应急能力不断提升。随着政府公共数据的逐渐开放以及数字技术的进步，以数据驱动的治理水平不断提升，居民的安全感和满意度也在不断提升。评价结果显示，2022年公共安全视频图像应用系统行政村覆盖率超80%，在关爱农村留守儿童、维护农村安全、防范溺水意外事件等方面发挥了重要作用。基层的应急服务也开始了数字化转型，应急能力得到了一定程度的提升。评价显示，2022年全国应急广播主动发布终端行政村覆盖率也超过了80%，在重大自然灾害突发事件应急响应的效率得到明显提升。

第二节　中国数字乡村发展的困境与挑战

一、数字基础设施仍有不足

农村地区基础设施建设水平依然较低。随着数字乡村建设的推进，

虽然我国农村地区的基础设施建设得到了快速推进，但由于农村地区范围广、基础设施建设水平较低，农村地区基础设施建设依然存在网络基础设施建设水平不高、平台类信息服务基础设施建设不足等问题。总体来看，数字基础设施建设仍有很大的提升空间。

农村互联网普及率及高质量网络覆盖率仍处于较低水平。虽然目前所有的行政村已实现了"村村通宽带"，但农村的互联网普及率不高，2023年12月，农村地区互联网普及率为66.5%，农村网民规模为3.26亿人，占网民整体的29.8%。此外，5G、千兆光纤等高质量网络覆盖率也处于较低水平。随着中国网络技术的发展，5G、千兆光纤等高质量网络在城市已逐渐推开，但在农村地区的覆盖率仍偏低，虽然5G已经基本实现了县域城区的全覆盖，但农村5G网络覆盖较低，目前仅有40%左右。

网速、稳定性等方面也存在较大的提升空间。随着数字农业、数字化乡村治理的不断推进，农村电商、直播带货等新模式的出现，农村地区对网络速度、稳定性等方面也提出了更高的要求。虽然目前部分已通光纤的行政村的平均网络速率和城市基本持平，都超过了100MB/s，但从整体来看，农村地区网络的稳定性、网速方面和城市地区仍存在较大的差距，只有部分农村地区的网络速度和稳定性可以和城市持平，大部分农村地区的网络速度和稳定性仍偏低。此外，虽然中央政府和企业在降低农村地区网络服务资费方面作出了巨大的努力，但由于农村人口收入水平较低，相比于农村居民的收入，现有的网络资费水平仍然偏高。目前，农村地区网络的基础费率在30~40元，其可享受的服务包括个人手机、固定宽带和网络电视等。这个费用对于城市居民来说很低，但对于广大农民而言则较高，很多农村居民由于较高的费用而选择不接入宽带。

平台类信息服务基础设施建设不足。数字农业、数字乡村治理需要数据基础平台的支撑，目前中国广大农村地区的平台类信息服务基础设施建设不足，无法满足数字乡村建设的需求。一方面，由于农村地区的经济发展水平不高、网络基础设施建设数量和建设水平都处于较低水平，平台类信息服务基础设施建设更是处于起步阶段，绝大部分的农村还未建立覆盖农业、生活、政务等内容在内的大数据平台；另一方面，由于农村地区资源分散、公共数据共享和开放性不足，这严重影响了数据价值的发挥。

部分已建成的数据平台由于各种原因无法发挥其应有的作用，有的甚至处于闲置状态。首先，由于数据标准不统一、数据纵横贯通难等问题的存在，目前已建成的大数据平台并没有发挥特别大的作用。其次，由于后续缺乏统一的运营管理和开发，现有大数据平台的场景接入能力不足，产品和服务覆盖范围有限。最后，由于投入成本高、可持续运营能力差，已建成的大数据平台没有得到很好的管理和运营维护，部分已建成的大数据平台已处于闲置状态。

二、数字乡村治理能力有待提升

乡村治理是国家治理的基石，是数字乡村建设的重要内容，也是实现乡村振兴的重要保障。大数据、人工智能、云计算等新一代信息技术的出现，为乡村治理提供了科技支撑，也为新时代乡村治理提供了新的方法和路径，驱动乡村治理变革。不可否认，中国的数字化乡村治理已经取得了一些成就，但总体来看，现阶段我国的数字乡村治理仍处于起步阶段，数字乡村治理仍存在诸多问题和挑战。

政府主导依然是目前中国数字乡村治理的主要模式，现阶段的数字乡村治理水平与真正意义上的数字乡村治理还存在很大的差距。一方面，目前，中国数字乡村治理模式依然是政府主导，社会组织、民众等多元化主体共同参与数字乡村治理的格局还未形成。另一方面，部分村党组织带头人受传统思维方式的影响，更加习惯于靠"经验"办事、靠"面子"办事，数字化意识淡薄，数字化思维缺失，从而使得部分地区的数字化信息平台建设进程缓慢，部分已建成的数字化平台利用率不高。现阶段的数字乡村治理水平与真正意义上的数字乡村治理还存在很大的差距。

数字乡村治理主体缺失，群众参与率低，无法达到数字乡村治理的基本要求。受农村收入水平低、就业机会少、公共服务发展不充分等因素的影响，大量的年轻人离开了农村，造成了农村空心化、老龄化等问题。数字乡村治理不仅需要村党组织带头人的参与，更需要广大群众的参与。由于目前留在农村的更多的"386199部队"（代指农村留守的妇女、儿童、老人等特殊群体），他们在接受新事物、运用互联网、操作手机等方面的能力较低，这在一定程度上影响了群众参与度与数字乡村治理的进程。

数字乡村治理财政压力大。中国由于城乡数字鸿沟的长期存在，农村地区的数字基础设施建设覆盖率低、人们对数字技术的接受能力差是不容忽视的事实。要想实现数字乡村治理，不但需要在数字基础设施方面投入大量的财力物力，而且需要在群众的参与度方面做大量工作，在数字乡村治理方面需要投入大量的成本。当前，绝大多数的数字乡村治理资金主要来自政府的财政补贴或政策帮扶，这给财政造成了巨大的压力，而且具有不可持续性。

数字乡村治理可能引发一些不可控的风险，需要更加关注监管模式的迭代。在数字乡村治理的过程中，个人生活、财务、出行等各方面的数据都会被纳入平台中，存在农民的个人隐私被侵犯或者泄露的可能性，因此需要投入大量的财力物力用于信息保护。此外，农民是数字乡村治理的行动主体，也是最终受益主体，在数字乡村治理相关制度不健全的情况下，数字技术与乡村治理的结合可能侵蚀农民的部分利益，如容易产生"虚拟社交"取代"现实社交"的潜在风险[①]。这就需要大量的成本投入构建完善的数字乡村治理制度，防止相关风险的发生。

---

① 武小龙：《数字乡村治理何以可能：一个总体性的分析框架》，《电子政务》，2022年第6期。

三、人才和科技供给短板亟待解决

数字经济时代的竞争是人才的竞争，人才是科技发展的基础，数字乡村建设领域亦是如此。随着数字乡村建设的逐步开展，现阶段人才和科技的供给还远不能满足数字乡村建设的需求。一方面，农村普遍缺乏既懂农业、农村又精通数字、技术的跨界复合型人才，数字乡村建设的参与者和应用主体的农村居民数字化素养不高，数字乡村建设缺少人才支撑。另一方面，目前的科技创新供给不足，融合应用不够，无法满足实际的生产生活需求。

复合型人才短缺是制约中国数字乡村发展的主要问题。目前中国数字乡村建设不管是在人才数量还是人才质量方面都存在一定程度的短缺。宁波统计局 2022 年的一份调研数据显示，65.7% 的受访者认为数字乡村建设缺乏相关人才[①]。具体来说，第一，数字乡村建设内部难以挖掘出适合的专业人才。我国农村地区青年劳动力外流、大学生外流现象严重，目前生活在农村地区人口大都存在老龄化、综合素质相对偏低等问题，无法满足现阶段数字乡村建设的需要。此外，现有的数字乡村建设人员，由于学历、知识结构等因素的限制，数字化素养不高，也无法满足数字乡村建设的需要。第二，数字乡村建设很难吸引到数字人才的"加盟"。相比于城市，农村地区的地理位置、交通条件、基础设施、公共服务等方面都存在一定的弱势，对数字经济人才的吸引力较弱，即使人才引进来了，留下来的难度也较大。

科技创新供给不足，融合应用不够也是制约中国数字乡村发展的重要因素。当前，从事"三农"相关信息服务及信息产品开发的人才和企业均较少，数字科技研究成果较为泛化、有效供给不足。以数字农业领域为例，目前的农民或专业合作社普遍反映难以买到合适的农业专用传感器，要么价格过高，要么产品无法满足农业生产需求；此外，市面

---

① 宁波统计：《五方面问题和困难制约我市乡村数字化建设——宁波市乡村数字化建设调研报告》，https://m.sohu.com/a/613806112_121106832/，2024 年 7 月 16 日。

上现有的动植物模型与智能决策系统准确度较低,农业机器人、智能农机装备的适应性也较差,与实际的农业生产需求还存在一定的差距。科技创新的有效供给和应用不足制约了数字乡村建设的进程和发展水平。

四、数字农业发展水平有待提高

数字农业作为数字乡村建设的重要载体和具体抓手,对加快农业生产经营的精准化、管理服务的智能化、绿色生态的可持续化具有重要意义[1]。随着我国数字乡村建设的推进,农业的数字化转型也取得了一定的进展,但我国数字农业的发展还处于起步阶段,相比于其他行业的数字化转型还存在很大的差距,在发展的过程中面临的问题也不断凸显。

数字农业领域的投资力度不足。一方面,农业生产的特点决定了农业投资的周期长,风险高,虽然数字农业的发展具有巨大的潜力,其投资回报周期也在不断缩短,但整个市场对其投资力度相对较弱。另一方面,农业生产大都位于农村地区,农村普遍存在融资难、融资贵的难题,传统金融机构对农村领域的信贷供给不足,制约了数字农业领域的投资。

数字农业设施建设不足。农业的数字化转型需要数字化基础设施的保障,需要数字化的农业机械设备对农业生产过程进行标准化的管理和动态监测;需要人工智能机器人对农产品的加工、安全指标的检查进行预警和反馈;需要涉农综合信息平台对各类信息进行综合处理分析,优化配置各类资源。首先,目前我国数字化农业的基础设施建设严重不足,例如,农业传感器的市场普及率处于较低的水平,涉农信息平台的数量较少,智慧冷链物流系统建设不完善。其次,农民出于成本、生产规模的考虑,对于现代农业生产设备的接受度和采纳度处于较低的水平,这严重影响了数字农业的发展。最后,中国农业生产细碎化、小规

---

[1] 黄卓、王萍萍:《数字普惠金融在数字农业发展中的作用》,《农业经济问题》,2022 年第 5 期。

模的生产特点决定了一些大型的现代生产设备无法适应现阶段的农业生产。虽然土地流转的推进扩大了农业的生产规模，但绝大部分地区依然是小农经营，较小的生产规模制约了数字化农业设施的推进。

数字农业的技术研发和应用能力不足。农业的技术研发和应用水平是制约目前中国农业数字化转型的重要因素。首先，数据和数字技术是数字农业发展的根本保障，随着数字农业的发展，农业科技企业和农业数据服务企业的数量也不断增多，但这些企业大都处于初创阶段，其规模、技术研发与应用能力等方面与国外相比存在一定的差距。这就造成了我国数字农业的发展在软件研发能力、数据利用程度、数据服务产品化等方面的不足[①]。其次，由于中国农业人口的综合素质水平较低、数字化素养缺乏，还无法独立操作部分机器设备，需要专业技术人员的指导。这些都严重影响了中国数字农业的发展水平。

第三节　中国数字乡村发展的路径与建议

一、打造高效务实的管理和建设体系

数字乡村建设的目的是助力农业全面升级、农村全面进步、农民全面发展，为"三农"领域带来普惠性增长，为乡村振兴提供新动力。这就需要从实际出发，从农业农村的根本需求出发，通过建立一个务实高效的管理体系来全面管理和指导数字乡村建设，通过建立多方参与的建设体系来负责数字乡村的建设。

数字乡村建设是为了服务农业农村农民发展，应遵循"以人为本"的底层逻辑，着眼解决实际需求。具体来说，第一，基层领导干部应加强对数字乡村建设内涵的理解，充分认识数字乡村建设的目的，一切从实际需求出发，避免为了数字化而数字化。第二，在推进数字乡村建设

[①] 周延礼：《加大金融支持力度　提高安徽数字农业发展水平》，《清华金融评论》，2021年第11期。

的过程中应因地制宜地制定设计方案，充分考虑当地乡村发展的基本情况、现实特征，将设计要义与当地乡村的发展情况、资源禀赋、地域环境等条件充分融合，分区域、分类别、分级别地细化数字乡村建设方案，提高数字乡村建设服务实际需求的能力。第三，在建设的过程中，应不断完善各种设施、应用，并根据实际实施情况不断进行调整和优化，持续提升数字化服务需求的能力。

数字乡村建设应打造务实高效的管理体系和多元化的建设体系。数字乡村建设需要多部门、多领域的统筹协作推进，基层管理部门需要建立多部门协同推进的工作机制，明确不同部门的工作权限和职责，对于数字乡村的建设方案、资金统筹和落实等重要问题应建立横向互联、纵向贯通、部门协同的机制，打造一个务实高效的管理体系。在建设的过程中，需要构建政府＋市场共同推进的工作体系，通过政府引导，市场主导和社会各方参与来共同推动数字乡村建设。以资金保障为例，可以引导社会力量有序进入农业农村领域，健全多元投入保障机制，加快形成数字乡村多元投入格局；可以在加大财政投入力度的同时拓宽投融资渠道，逐步建立多方参与的数字乡村建设投融资模式。

数字乡村建设应注重项目的事后管理和监督，不断巩固数字乡村建设成果。首先，在项目规划阶段，应该把项目的事后管理和监督纳入项目的总体规划中，并为项目的后续维护和运营留有充足的人力和财力保障。其次，建立必要的项目评价机制，特别是关于项目建成后服务水平和服务效能的评价，确保项目实现既定的建设目标。再次，对于建设效果和后续服务能力特别好的项目，有必要在县域融媒体的推动下，积极推广项目的建设经验和成果，为其他项目的建设树立标杆并提供相应的借鉴经验。最后，重视社会组织、媒体的监督作用，充分发挥社会的监督作用，解决项目建成后无人管理、服务能力差等问题。

二、加强乡村人才培养和引进

数字乡村建设离不开乡村干部的领导和管理，离不开专业数字技术人才的支持，更离不开广大农村居民的积极参与。为此，未来的数字乡村建设应从提升乡村领导干部的管理能力和数字化思维、引进和留住高端数字化人才、提升农村居民的素养和数字化接受能力等方面努力。

提升基层领导干部的科学文化素质和管理水平。第一，通过理论学习、专题讲座、研学深造等方式要着力提高基层领导干部的科学文化素质，培养基层领导干部的数字化思维。第二，要立足业务层面，以"缺什么、补什么、干什么、学什么"的原则，组织各种形式的培训活动，有针对性地提升基层领导干部的业务技能。第三，建立完善的竞争机制，从内在动力方面激发基层领导干部的工作动能。通过竞争机制和评价机制的建立，激发广大领导干部的工作热情和工作动能，使他们具有紧迫感、危机感，并通过树典型等方式，在基层领导干部中形成你追我赶的工作氛围。第四，不断发扬"传帮带"的优良传统，请工作成绩突出、管理经验丰富的老干部为年轻干部传授经验，缩短领导干部的成熟周期。

加强数字人才的培养和引进，采取多种措施降低人才流失。数字乡村建设需要数字技术人才的支持，首先，要通过建立富有竞争力的薪酬机制、配套的社会服务保障体系，吸引数字技术人才来乡村工作，支持数字乡村的建设。其次，人才引进后，要建立健全农村数字人才优绩优酬的工资调整机制，推动建立农村数字人才的长效保障机制。通过改善农业农村工作环境、教育交通设施水平等方面，为数字人才解决后顾之忧，让他们能够全身心地投入数字乡村建设中。最后，加大对农村现有人才的培养力度，加强对新型经营主体、返乡创业人员、农村青年、返乡大学生、退伍军人等重点人群的互联网培训力度，用信息化手段培养出一批善用信息技术、善于网络经营的数字乡村建设主体。

提升农村居民的数字化素养，激发群众参与数字乡村建设的热情。首先，通过降低农村居民数字技术接入门槛，鼓励农民使用数字技术、智能设备等方式，转变农村居民的固有思维，帮助他们建立数字化思维并提升对数字技术的接纳能力。其次，通过农业技术推广人员、涉农高校的毕业生下乡等方式为农民提供相应的数字技术和数字设备操作方面的指导，提升农村居民对数字技术的应用能力、信息整合和挖掘能力，让农民真正感受到数字技术给农业农村带来的便利。再次，通过树典型的方式，充分发挥数字应用能力高的农民的典型示范作用，提升其他农民的参与度和对数字技术的接纳能力。最后，提升农民防范网络诈骗、保护个人隐私等方面的能力，提升农民安全利用数字技术的能力。

三、强化数字基础设施的建设

数字基础设施是数字乡村建设的基础和保障。农村基础设施建设水平低、覆盖面窄，特别是新型数字基础设施建设不足，严重制约了数字乡村建设的推进速度和水平。为此，要从提高数字基础设施的覆盖范围、原有数字基础设施的改造升级、建立数字化平台等方式有效改善农业农村领域的数字接入、数据处理和数据利用能力，推动数字乡村建设的高质量发展。

进一步加大基础设施建设力度，提升数字基础设施覆盖范围。首先，推进电信普惠服务，进一步降低资费费率，扩大农村地区的宽带网络覆盖范围，着力提升农村地区光纤宽带的渗透率和接入能力。其次，推进数字农业园区、电商直播基地、物流快递园区等硬件载体建设，加快县乡村三级农村物流体系建设，为数字乡村建设提供基础保障。再次，地方政府应加强与运营商、广电企业、铁塔公司等合作，加快农村地区宽带、通信设备、5G基站等建设进度，统筹推进数字电视、移动通信、光纤宽带的互联互通。最后，加强对现有基础设施的改造升级，进一步提升网络服务的稳定性、网络速度，推动水利、电力、气象、交通、物流、农业生产等相关设施的智能化升级，提升数字基础设施的服务水平。

加快大数据中心、数字平台等建设，有效改善农业农村领域的数字接入、数据处理和数据利用能力。首先，加快云计算中心、数字应用支撑平台等建设，将各类标准化数据纳入数据平台和数据中心，消除数据孤岛，实现各类信息的有效整合和处理，提升数据的处理和利用能力。其次，加快推进各种可视化、智能化设备的应用，加快农业传感器等普及，实现对各类数据的有效收集和动态监测，提升数据中心和数据平台服务农业农村发展的能力。最后，建立公共服务支撑平台，将涉及农业、农村、农民等在内的各类信息数据进行汇总和处理，贯通各个部门的资源数据，实现部分数据的开发共享，为农业农村的生产生活提供数据支持。

持续推进土地流转、合理适度规模经营，为提升数字基础设施建设水平提供土壤。数字农业生产技术的采纳、农业生产设备数字化水平的提升，需要一定的农业生产规模予以支撑。中国农业生产小而分散的特点阻碍了农业领域数字基础设施的推广和升级。为此，一方面，要持续推进土地流转，培育专业生产大户以及新型家庭农场，为现代农业生产和数字化生产设备的应用提供使用环境。另一方面，从政府层面对农业生产设备的智能化升级给予一定的政策倾斜，提升数字化生产设备的覆盖范围，提高农民对数字化生产设备的接纳程度。

四、培育乡村新业态

随着数字经济的发展，数字技术与农业农村的融合也催生了诸多新业态。培育和鼓励乡村新业态，激发创新创业动力，支持数字技术与农业农村各个领域的融合，促进创新经济发展，也是数字乡村建设的重要内容。结合现阶段数字乡村发展现状，可从继续鼓励农村电商和乡村旅游、加快数字化应用场景融合等方面促进乡村新业态的发展。

鼓励农村电商发展。农村电商的发展可以有效提升数字乡村的建设水平，提升农民对数字技术的接纳程度，还可以提升农民的数字化素养。为此，首先，应该形成政府牵头、企业主导、居民广泛参与的农村电商发展模式，不断提升农村电商的运营水平，扩大农村电商的覆盖范围。其次，加快建设适应农产品电商的标准体系，提升农产品的品质和生产的标准化，打造专有的品牌，让更多农产品进入电商领域的同时也提升农业生产的品质。最后，加强物流园区、冷链物流、电商产业园等建设，为农村电子商务发展提供技术、质量、人才等全方面的支持。

积极发展乡村旅游。在数字基础设施建设不断完善、数字接入成本不断降低的背景下，环境优美、富有特色的众多农村地区不断被城市居民知晓，这为乡村旅游的发展提供了重要契机，也推动了数字乡村建设。首先，要依托青山绿水、乡土文化等特有资源，发展研学科普、田园养生等休闲旅游业，同时也应不断提升民宿、酒店等硬件建设和服务软件建设。其次，加强农村地区的文化建设，特别是富有特色风情的文化建设，将丰富多彩的建筑、饮食、手工艺、非遗等艺术发扬光大，凸显乡村的文化气息，增加乡村旅游的吸引力。最后，加强旅游与其他产业的深度融合，例如，发展"旅游+""生态+"等新模式，推动农林牧副渔业与旅游业的深度融合。

加快数字化与农村场景的深度融合。数字乡村建设是全方位、立体化地将数字技术与农业农村相结合。未来，可从多方面拓展数字技术与农村场景的深度融合。首先，针对农村地区空心化、青壮年人口流失严重、老龄化等问题，可通过推动"移动看家"项目，解决老人照料问题。例如，可在高龄老人家里安装视频系统，方便子女随时查看老人状况，也方便老人与子女的交流。其次，拓展数字技术在农村医疗领域的应用，通过"智能医务室"项目，解决农村居民的看病难问题。同时，可通过建立健康档案、签约家庭医生、穿戴智能设备等服务，检测农村居民的身体状况。最后，加快数字技术与乡村治理的融合，如智慧党建、智慧管理等项目，可有效提升数字乡村的治理水平。

第四节　中国数字乡村发展的未来与展望

党的二十大以来，以习近平同志为核心的党中央作出一系列重要战略部署，提出并实施数字乡村战略，大力推进数字乡村建设。数字乡村建设作为全面推动农业农村现代化发展和转型的重要抓手、高质量实现乡村振兴目标的策略选择、加快建设数字中国的重要内容，数字乡村建设已成为当前乃至未来很长一段时间内乡村发展的重要战略任务。随着科技的发展，数字乡村建设的持续推进，未来中国的数字乡村建设将呈现如下发展趋势。

农业农村领域的数字技术和基础设施建设将得到深度应用和不断普及。随着5G、大数据、人工智能、云计算、区块链等技术的创新、智能装备的发展、农村基础设施的不断完善，未来数字乡村能够更好地实现各类设备、传感器、智能终端的连接，实现更广泛、更精准的信息采集和互联互通。在应用方面，未来数字乡村建设将更多地依靠人工智能和大数据技术，通过数据分析和智能算法，实现农业生产、资源配置、市场预测等方面的智能化决策。

农业生产和服务模式将不断融合创新。数字技术与农业生产服务深度融合，未来将有更多的数字化农业生产模式出现，如精准农业、智能农业、垂直农业等，这将有效提升农业生产的效率和质量。数字技术与农产品供应链也将不断整合，实现从生产、加工、流通到销售的全链路数字化，农产品的市场竞争力和附加值将不断提升。农业产业链将不断延伸，第一产业将逐渐向二、三产业延伸，乡村旅游、乡村文化传承与保护将得到一定程度的发展。农业农村发展也将更加绿色化、可持续化，未来数字乡村建设将更加注重生态环境保护和可持续发展，通过数字化技术实现农村生态环境监测、保护和恢复。

数字化农村治理和服务水平不断提高。随着手机、手环等个人智能移动终端设备的普及、居民数字化素养的提升、数据服务平台的建设，未来数字化农村治理和服务水平将得到显著提升。未来，农村公共服务将变得更加智能化、便捷化，很多个性化服务都能够得到满足；基层治理也将更加科学，未来会出现一大批基于互联网和大数据的农村数字化治理和服务平台，有效提升农村基层治理水平；优质教育资源也将通过线上的方式向农村倾斜，线上教育将成为乡村中小学正规教育，以及乡村各类人员日常学习的重要手段；乡村互联网医院、远程医疗或将成为未来数字乡村建设的亮点。

未来数字乡村建设必将以技术创新和应用为驱动，在推动农业农村全面现代化、农业绿色发展等方面发挥重要作用。

实践篇

- 数字乡村基础设施建设
- 数据资源和大数据
- 智慧农业
- 数字乡村经济新业态
- 乡村数字文化
- 乡村治理数字化
- 数字乡村服务体系打造
- 数字技术与绿色发展

第四章
数字乡村基础设施建设

第一节　数字乡村基础设施建设

没有良好的数字基础设施，数字信息不可能凭空产生，也无法传播、存储，遑论加以利用、产生效益。因此，数字基础设施是实现数字化的必备条件，是实现数字乡村的基础，也是建设数字乡村首先要考虑的问题。

数字基础设施是多种多样的。例如，在完全数字化的水稻生产中，遍布在稻田的传感器收集到了土壤、光照、气温等各种信息。无人机、遥感卫星拍摄了稻田的光谱影像。这些信息汇集到由许多计算机组成的云计算平台，使用水稻种植模型、水稻生长模型等进行分析，并得出了每块稻田所需的农事活动：需要施用多少农药、化肥，是否需要灌溉或晒田，是否需要插秧或收割等。这些决策被发送到智慧农机，自动、精确地执行所需的农事活动，而智慧农机在完成农事活动的同时，还能收集土壤、产量等数据。利用这种数字化、智慧化的种植技术，农业生产所需的人力极少，并且可以实现高产量、高质量、低能耗、低污染生产。

不仅农业生产需要数字化，高效的农业服务、农产品物流也离不开数字化。随着农业服务业的日渐发达和完善，数字化监管、经营农业服务是提高效率的必经之路。而数据采集、整理、分析本身也将成为一种新型的农业服务，如测土配方、营养诊断、病害预警等。大众对食品安全、食品品质的要求日益增加，催生了冷链物流、农产品溯源等新型农产品加工、物流形态，其中大量准确的信息核验和传递也离不开数字化手段的支持。

黑龙江创业农场北斗自动驾驶插秧机

图片来源：实践考察现场拍摄

数字化还是提高乡村生活水平的重要途径。数字文化为乡村居民提供了更丰富多样的文化活动；数字党务、村务、政务让乡村居民政治生活更便捷，办事更高效。数字化的农村资产监管、乡村环境监测也让集体资产使用更加透明公开，让乡村环境更加绿色宜居。

上述的种种数字化应用涉及了方方面面的数字基础设施。哪些是我们现在就应当着手建设的数字基础设施，哪些是在这些基础设施之上才可以完成的应用技术？根据中央网信办、农业农村部、国家发展改革委、工信部、市场监管总局和国家数据局印发的《数字乡村建设指南2.0》，乡村数字基础设施分为乡村信息基础设施、传统基础设施数字化升级两个部分。本章我们分别介绍这两类乡村数字基础设施。

一、乡村信息基础设施

传感器可以将现实世界的几乎一切观测变为数字信息，计算机可以存储、处理这些数字信息。而计算机网络负责传送这些信息。对于我们而言，"某个人今天去市场买了什么菜"这样的信息并没有什么特殊的价值。但如果我们知道全市、全省乃至全国的所有人每天都买了什么菜，就能够从中得出许多有价值的信息。例如，我们可以通过统计每种菜的购买量，来指导未来的市场供应，让人们吃得更便宜；我们可以计算人们的营养摄入，让人们吃得更健康。如果数据可以更加具体，我们甚至可以规划最高效的配送路线，制定成本更低的种植方案，乃至进行个性化预测，自动地为人们配送他们所需的蔬菜。这便是所谓"大数据"的威力：通过分析大量数据，我们可以更高效、更节约、更精准地完成任务。大量的数据精确刻画了现实世界，计算机的强大计算能力则为我们探索、规划这个世界提供了可行途径，使我们的管理、决策更高效、科学、精准。

由此可见，单独的数据并无价值，产生交换、汇集的数据则潜力无穷；粗浅的信息价值不大，而精确的信息极为重要。为了大量、精确地搜集信息，并将数据汇集起来，我们需要用信息基础设施实现信息的采集和传递，将各式各样的计算机、传感器连接起来。可以将网络比作电子信息的"公路"，而信息是公路上运行的各类车辆：没有车辆，则没有可运输的人员物资；没有公路，人员物资就寸步难行。没有信息基础设施，数字信息无法产生和传播，进而无法实现数字化，遑论利用"数字红利"。

乡村地区是信息基础设施建设的薄弱环节，也是数字乡村建设的主要瓶颈；而信息基础设施正是数字乡村建设的前提和基础。

二、什么是信息基础设施

顾名思义，信息基础设施就是产生和传递信息的基础设施，是数字乡村发展的信息"大动脉"。信息基础设施用于解决信息传输、信息交换等问题。其中，网络通信基础设施主要可以分为光纤宽带网络、移动通信网络。我们俗称的"宽带"指的就是光纤宽带网络，而"4G""5G"则指的是第四代和第五代移动通信网络。广义来说，属于信息基础设施的还有北斗地面站等。为建设高效、可靠、安全、适用的信息基础设施，我们有必要从技术层面对其有一定了解。以下我们分别介绍这些基础设施。

（一）光纤宽带网络

光纤宽带网络通过光纤将计算机连接到网络。由于大部分计算机并不能直接从光纤收发数据，因此在用户端，光纤通常会先连接到光电转换器（家用的光电转换器也被称为"光猫"），从而将光信号转换为电信号，通过网线连接到计算机。光的波长短，因此光纤网络的带宽和通信容量可以很高，光纤网络可以较低成本承担大量数据的收发，但连接到光纤宽带网络的设备只能保持固定（使用有线连接）或在小范围内移动（使用无线局域网）。

（二）移动通信网络

移动通信网络使用无线电将手机等终端设备连接到网络。设备通过无线基站与网络交换数据，无线基站再将数据通过运营商的光纤宽带网络连接到互联网。使用移动通信网络，设备需要处于无线基站的覆盖范围内。移动无线通信经过了五次技术迭代，第一代移动通信技术只支持少量用户通话，已经被彻底淘汰。第二代（2G）、第三代（3G）技术支持大量用户通话、收发短信息或以较低速率连接互联网，目前正在被第四代（4G）和第五代（5G）移动通信技术逐步取代。4G和5G通信技术，特别是5G通信技术允许用户以很高的速率连接到网络，是现在正在推广部署的无线通信技术。同时，第六代（6G）无线通信技术也呼之欲出。但总体而言，由于技术限制，移动通信网络使用的无线电频段频率远低于光纤通信的载波频率，因此带宽、通信容量和通信速率也不及光纤宽带网络。

(三) 其他通信网络

随着数字农业应用的不断深化，光纤宽带网络和移动通信网络已无法完全满足需求。我们在此介绍两种新型网络通信设施：卫星网络和窄带物联网。

1. 卫星网络

卫星网络使用地球轨道上的通信卫星完成互联网接入。传统的卫星网络主要依靠地球静止轨道上的卫星实现互联网接入。地球静止轨道上的卫星相对地球上的地点位置不变，因此收发天线只需要一次性对准卫星，就可以利用收发器连接网络。但由于静止轨道高度高、通信距离远、发射成本高等因素，静止轨道卫星网络的通信带宽和通信容量较低，使用价格也非常高。

随着商业卫星发射产业的发展和卫星制造技术的进步，低轨道卫星制造、发射和使用成本大幅降低，低轨道卫星网络作为一种新型卫星网络应运而生。不同于在静止轨道发射少量大型卫星，低轨道卫星网络通过在低地球轨道（高度在 500 千米左右）发射大量（可能上万颗）微小卫星构建卫星网络。卫星数量多，因此可以提供较高的通信带宽和通信容量，通信成本相对其他卫星互联网接入服务低。

由于卫星通信距离远，可达数百至数万千米，因此需要较高的发射功率。因此不论使用何种卫星网络，都需要较好的电力供应以保证通信稳定。

2. 窄带物联网

与其他通信方式追求宽带、高速率不同，窄带物联网（NB-IoT）专注于服务通信速率低、通信频率低的终端通信需求。许多设备并不需要高频率、大量地产生数据，但需要在低能耗的情形下长期工作，如智能电表、农田监测等。这种场景下，窄带物联网能够为大量设备提供接入服务，并允许设备低功耗通信，使其数年内不需要更换电池。

（四）广播电视基础设施

传统上，广播电视基础设施主要包括有线电视网络设施和卫星电视设施，分别适用于城镇地区和偏远地区。随着网络基础设施建设的完备化，大量广播电视内容通过通信网络传播，电信网络、计算机网络和广播电视网络逐步统一。因此，广电基础设施很大程度就是网络基础设施。其中，要特别重视广电网络智慧化播控平台建设和农村有线电视网络数字化转型，推广普及直播卫星终端向高清超高清升级。依托广电网络，加快建设应急广播体系，对于提升乡村地区防灾抗灾能力也极为重要。

三、信息基础设施建设的开展

按照运输能力和目标不同，公路可以分为村道、乡道直到省道国道，乃至连接全国各地的高速公路。网络也分为联通小区域的局域网、联通城市的城域网和将各地网络连接起来的骨干网。作为决策者，我们可能不太需要考虑如何修建道路，但在哪里修什么样的道路是我们需要规划的。信息基础设施建设亦是如此：我们要考虑在哪里开展信息基础设施建设、建设什么样的信息基础设施。总体而言，信息基础设施建设要考虑统筹实施、需求、成本、服务质量和未来发展。

1. 考虑统筹实施。目前，光纤宽带网络、移动宽带网络、电话、广播电视和农业专用网络有资源共享、网络整合的趋势。这有利于降低建设成本，提高服务质量，加强信息互联互通。在建设时，应当统筹规划各类网络的建设。

2. 考虑实际需要。信息基础设施建设首先要考虑的是这些基础设施要向多少人提供什么服务。一般而言，由于人口较密集、经济较发达地区的宽带和移动上网需求都非常高，因此要优先完成人口密集地区的网络基础设施建设并提供优质服务。优先确保光纤宽带网络100%人口覆盖可以快速满足群众上网的基本需要。保证公路、铁路的移动网络覆盖有利于交通参与者随时接入互联网应用和应对紧急突发情况。对于偏远地区，可适度放宽移动通信网络服务质量，未来再行提升。实际中也宜优先考虑满足生产和服务需要。

3. 考虑成本效益。基础设施建设不得不考虑成本问题。不同网络基础设施建设的成本不同，功能性也有差异。表 4-1 比较了不同网络的特点和成本。

表 4-1　不同网络基础设施的特性比较

网络类型	覆盖范围	速率	容量	成本
光纤宽带	小	高	大	低
4G 移动网络	大	中	大	中
5G 移动网络	中	较高	大	高
卫星网络	非常大	中	中	非常高

从表中看出，在所有网络类型中，光纤宽带的建设成本最低，5G 移动通信网络的建设成本最高，4G 移动通信网络的建设成本居中。在实际中，光纤宽带网络由于速度快、使用成本低廉，承载了最多的网络通信；随着移动互联网应用的发展和手机的普及，4G、5G 移动通信网络的用户数量最多，用途也极为广泛。因此，在预算有限的时候，可以考虑对重点区域建设光纤宽带、4G、5G 全覆盖，而对偏远地区以光纤宽带、4G 网络和 5G 网络的优先顺序进行建设。此外，对于偏远地区，建设光纤宽带网络和移动通信网络的成本很有可能高于通过卫星网络接入互联网的成本，因此也可以从成本角度考虑，优先使用卫星网络接入互联网。

4. 考虑服务质量。网络基础设施的服务质量决定着网络的效益。建设网络基础设施时要着重考虑提高网络服务质量，合理确定建设标准，提高工程质量，做好设备维护保养，确保网络具有较高的可用性、可靠性。

5. 考虑未来发展。建设网络基础设施要考虑网络的容量问题，也就是这些基础设施可以供多少人以多快的速度访问网络。显然，对于经济发达、人口密集的区域，适度提前建设以适应未来发展需要是必要的。对于偏远地区，尽管人口可能不再增加，但未来网络通信应用的需求仍然会增长，因此也要考虑在建设时适当地留出富余的通信容纳量。不论在哪里进行网络基础设施建设，都不宜再用淘汰中的技术进行建设。过度超前建设会造成设施还没来得及被充分利用就遭到淘汰；过度保守建设则会造成"建成即落后"的被动局面。这两种情形都会浪费宝贵的建设资金。因此，在规划网络基础设施建设方案时，应当充分考虑本地区未来 5 年到 10 年的网络通信需求进行建设。

四、中国乡村信息基础设施建设现状

10 年来，我国乡村网络基础设施建设取得了巨大的成就，乡村网络基础设施实现全覆盖。根据《中国数字乡村发展报告（2022 年）》，截至 2021 年底，全国行政村通宽带比例达到 100%，通光纤、通 4G 比例均超过 99%，基本实现农村与城市"同网同速"。与此同时 5G 加速向农村延伸，截至 2022 年 8 月，全国已累计建成并开通 5G 基站 196.8 万个，5G 网络覆盖所有地级市城区、县城城区和 96% 的乡镇镇区，实现了"县县通 5G"。

第二节　传统基础设施数字化升级

数字化为管理和监测带来的好处不言而喻，而数据资源本身也具有极高的价值。通过新一代信息技术对传统基础设施进行数字化改造，不仅能提高原有基础设施的服务能力，还能为农民生产生活提供更为便利的条件。传统基础设施数字化升级主要针对农村地区的公路、水利设施、农田、电网、物流等。

一、什么是农村公共基础设施数字化改造升级

公共基础设施数字化改造升级，是指对公共基础设施运行中可以数字化采集的信息进行数字化采集，并在此基础之上实现业务的数字化管理、监测、服务。例如，水坝数字化改造升级可能需要采集水坝重点区域的影像信息，对水坝的健康情况进行数字化感知监测，水坝的运行状态也需要信息化改造。而公交系统的数字化改造升级则涉及票务系统的

数字化信息化改造，车辆运行状态的数字化监测等。

二、哪些公共基础设施需要升级

1. 农村公路数字化。数字技术可以服务于农村公路路况自动化检测，以及公路养护、预算安排、绩效考核的高效、合理执行。通过移动端应用，还可以实现日常巡检、养护施工、验收结算、统计分析的全过程数字化。

2. 农村水利数字化。农村地区的水坝、水库和其他小型水利设施也可以利用数字化手段，实现雨情、水情监测、报告和预警，并对大坝安全进行实时监测。

3. 农田建设数字化。依托全国农田建设信息化管理平台和自然资源"一张图"，可以将农田建设项目立项、实施、完工、验收等全流程信息上图入库，统一管理，实现建设、管护、利用的有据可查、全程监控、协同管理，形成农田基础数据库。数字技术也可以在服务农田智能监测巡查、水肥一体化管理、农田无人化作业，提高农田管理效率和农业生产效率。

4. 农村电网数字化。通过建设智能配电网，可以提升农村电网分布式可再生能源承载能力，实现风力发电、光伏发电等电能的高效利用。电网数字化还可以配合乡村清洁供暖等需求，实现协同升级。随着新能源汽车的不断普及，加强汽车充电设施建设也是电网数字化的重要方向，特别是在发展文旅产业的乡村地区公路沿线、停车场和客运站。

5. 农产品冷链物流和追溯数字化。随着消费市场对农产品安全和品质要求的提高，冷链物流和农产品追溯成为不少农产品提高产品质量、提高市场竞争力、降低运输损耗的重要措施。要高质量建设冷链物流，必须对现有仓储、运输等设施和装备进行数字化升级改造，如利用温湿度传感器实时监测仓库和车辆货舱状态，建设冷链物流信息平台整合共享市场和信息资源。产地农产品追溯则需要充分利用物联网、5G、遥感等技术采集、记录农产品生产信息、投入品使用信息和合格证开具信息。为确保追溯信息的真实性，还需要利用电子耳标、生物芯片、RFID 等先进防伪技术。

三、中国传统基础设施数字化升级现状

近年来，各地政府和相关部门持续加快推进农村公路、水利、电网，以及农产品产地冷链物流等基础设施的数字化改造，乡村融合基础设施建设取得显著成效。农村公路数字化管理体系日益完善，截至 2021 年，全国已完成 446.6 万千米农村公路电子地图的更新，并同步生成专题地图，全面、直观呈现农村公路路网的分布格局。

在水利方面，数字孪生流域建设率先在重点工程中试点推进，智慧水利建设全面展开。截至 2021 年底，全国县级及以上水利部门已布设各类智能信息采集点 24.53 万个，其中 66.4% 已接入集中控制平台；截至 2022 年 6 月，全国已有 2766 个县共计 53.04 万个农村集中供水工程建立了电子台账，实现水利基础设施数字化监管。

农村电网巩固提升工程扎实推进，2021 年全国农村地区的供电可靠率提升至 99.8%。支撑农产品上行的物流基础设施也持续完善，截至 2022 年底，3 年来共支持约 3.6 万个家庭农场、农民合作社和农村集体经济组织建设了 6.9 万个产地冷藏保鲜设施，新增库容量超过 1800 万吨，显著增强了农产品保鲜与储运能力。

第三节　云计算和物联网

作为最新的信息技术，农业农村数字化的很多方面都离不开应用云计算与物联网技术，不少地方也掀起了建设云计算平台与推动物联网发展的热潮。本节概述云计算和物联网技术，以便读者对其有初步的了解。

一、云平台及其建设

为了破除部门之间、业务之间的数据壁垒，我们需要用云平台统一

存储数据，以构成数据资源。云平台是由被称为服务器的专用计算机集群构成的，它通常可以支持大量存储、高性能计算，并能通过互联网快速访问。云平台有时也具有强大的用户界面并提供丰富的程序接口，让用户在互联网的任何地方都可以方便使用。建设云平台，要遵循需求导向、适度超前、安全可靠的原则。

首先是需求导向。我们每年产生多少数据？其中有多少数据需要存储在云平台？未来估计的数据量是多少？我们需要云平台提供多少服务？这些服务需要多少算力？这些问题的答案决定着云平台的技术指标。云平台本身价格较高，且维持云平台正常运行所消耗的电力、维护费用也相当高。如果高估了我们的需求，整个云平台生命周期的花费将相当高，甚至经常出现建成云平台但因用不到或用不起而荒废的情况。

其次是适度超前。我们也许可以估计当下的需求，但往往会高估未来的需求，或盲目追求先进而选择了不当的技术指标。计算机技术的发展非常迅速，如果我们的建设太超出实际需要，那么可能在云平台还没有被充分利用的情况下就遭到淘汰，浪费了投资。为了应对未来对云服务的需要，超前建设是必要的，但不需要超前太久。通常而言，只要云平台能满足未来 5 年左右的需要就足够了。

数据安全问题也是建设云平台要考虑的核心问题之一。大量高价值甚至涉密数据存储在云平台上，就要有适当的加密和访问权限控制措施。由于安全意识和安全措施不到位，政府数据被窃取的案例近年来时有发生，造成了重大的损失，甚至直接危害国家安全，侵犯群众隐私。建设云平台时，其安全性也应作为衡量其性能的主要指标来考虑。

二、农业农村物联网及其建设

所谓物联网，就是"万物联网"，对一切可以被数字化的物品都进行数字化处理，并接入网络对这些物品进行监控、管理，或利用数据进行分析。在农业方面，我们可能希望随时监控大田数据，获取湿度、成分等土壤参数，也可能希望获取当地光照、温度、降水等环境信息。这些信息都可以由遍布大田的传感器构成的传感器网络进行采集、上传，我们可以分析这些信息以便指导农业生产。除此之外，农机农具、车辆、公路乃至市政路灯、窨井盖等，都可以是物联网数字化的对象。由此可见，物联网的发展不是一蹴而就的，而是按照需求逐步建设的。

物联网建设通常是针对某个产业的。先建设哪些物联网取决于地方的实际需要。可以先将本地发展得好的产业或决心大力发展的产业进行物联网改造，也可以先改造那些利用物联网能极大提高生产效率的产业。无论如何，物联网的使用都是为了提高管理便利性，增强监测能力，或利用采集的数据提高生产效率的。在建设物联网之前，要做到对这些问题心中有数，才可能见到实效，收获数字红利。

第五章
数据资源和大数据

大数据是新型生产要素和重要的基础性战略资源，蕴藏着巨大价值。全面实施促进大数据发展行动，加快推动将数据资源转化为经济发展动力，是全面推进乡村振兴，加快实现农业农村现代化的关键举措。2020年1月，农业农村部、中央网信办联合出台《数字农业农村发展规划（2019—2025年）》，明确提出要完善数据采集体系。2021年11月，国务院印发《"十四五"推进农业农村现代化规划》，强调要建立和推广应用农业农村大数据体系，推动物联网、大数据、人工智能、区块链等新一代信息技术与农业生产经营深度融合，并提出要实施农业农村大数据应用行动。加快数字乡村建设，亟待进一步强化数据资源和大数据的基础性作用，建立农业农村数据汇聚治理平台，将数据作为支撑决策管理、城乡统筹发展与产业升级的重要资源，不断提升农业农村管理能力和服务效能。

第一节　大数据标准规范的完善

一、《国家标准化发展纲要》对数字乡村标准化的支持

数字乡村是乡村振兴的战略方向，标准化在推进数字乡村建设中发挥着引领性、支撑性作用。加强数字乡村标准化建设，对于推动解决当前数字乡村领域基础设施、农机装备、信息系统、数据资源难以互联互通等问题，全面支撑乡村生产方式、生活方式和治理方式数字化转型具有重要意义。

标准化体系是构成现代农业数据治理的底层逻辑，是大数据快速分析应用的基础保证，也是农业进入大数据时代的必然选择。全国信息技术标准化技术委员会自 2014 年启动大数据标准体系建设工程，确立了包含基础规范、数据治理、技术应用、平台架构、运营管理、安全保障、产业适配七大模块的系统框架。该架构不仅为农业数据采集、分析、共享提供技术准则，还通过跨领域标准衔接机制促进数字技术与乡村场景深度融合。

2021 年，中共中央、国务院印发《国家标准化发展纲要》（以下简称《纲要》）的乡村振兴标准化战略部署（2021），提出强化标准引领，实施乡村振兴标准化行动。

《纲要》的战略部署，在制度层面创新构建了标准化治理的四维转型框架：①在供给机制层面，推动标准制定主体从行政主导型向政府引导、市场驱动、社会协同的多元共治模式演进；②在应用场域层面，突破传统产业贸易的技术支撑功能，形成覆盖城乡治理、公共服务与生态安全的全域渗透格局；③在发展动力层面，通过国际标准互认机制实现内向型封闭模式向国内国际双循环驱动转型；④在价值导向层面，以全要素生产率提升为基准重构标准评价体系，推动发展模式从规模扩张导向升级为质量效益优先的创新型范式。

此外，《纲要》强调深度发展全域标准化，实现农业等领域标准全覆盖，稳步提升农业标准化生产普及率，基本建成推动高质量发展的标准体系；建立循环型生态农业、农业投入品质量、农产品食品安全、适度规模养殖、监测预警、健全土壤质量及监测评价等绿色农业发展标准。

二、《数字乡村标准体系建设指南》完善标准化建设

2022 年中央一号文件对"数字乡村标准化建设"作出了具体部署安排，要求大力推进数字乡村建设，着眼解决实际问题，拓展农业农村大数据应用场景。对数字乡村标准化建设的进程，通过制度创新驱动乡村数字治理效能跃升视为重点工作内容，构建涵盖基础设施、数据治

理、应用场景的三级标准体系,渐进式铺开数字乡村试点建设工程。

为贯彻落实《中共中央 国务院关于做好2022年全面推进乡村振兴重点工作的意见》《国家标准化发展纲要》《数字乡村发展战略纲要》等文件精神,切实加强数字乡村标准化建设,科学指导当前和未来数字乡村标准化等相关工作。

2022年8月,中央网信办等四部门会同有关部门编制了《数字乡村标准体系建设指南》(以下简称《指南》),提出了数字乡村标准体系框架,明确了"十四五"时期数字乡村标准化建设目标、建设内容和建设路径,进一步优化标准规划布局,突出标准有效供给,强化标准应用实施,为标准化建设引领数字乡村高质量发展、助力乡村全面振兴提供了保障。指南系统构建了农业农村数据标准体系,聚焦涉农数据资源确权分类(依据 NY/T 3897—2021 标准)、全周期治理流程及智能化服务接口三大维度,形成覆盖智慧农田管理、农产品供应链优化等应用场景的数据要素支撑体系,为数字乡村各类应用场景提供数据资源和数据服务支撑。

此外,根据农业农村大数据标准建设重点,在农村集体资产数据标准、农村宅基地数据标准、农业种质资源数据标准、农村产权流转交易数据标准、农业自然资源数据标准、农业经营主体数据标准和农业耕地土壤数据标准等方面均有详细论述。

(一)数字乡村标准体系结构

《指南》明确了数字乡村标准体系结构,包括 A 基础与通用、B 数字基础设施、C 农业农村数据、D 农业信息化、E 乡村数字化、F 建设与管理、G 安全与保障 7 个部分,具体如图 5-1 所示。

其中,A 基础与通用标准主要围绕术语、参考架构、评价模型等方面,为乡村数字基础设施、农业农村数据和应用领域标准提供运作框架。

B 数字基础设施标准主要围绕农村网络基础设施、农业农村天空地一体化监测网络、农村公共基础设施数字化改造升级等方面,为全面提升农业农村信息化水平提供基础设施保障。

F建设与管理	D农业信息化	E乡村数字化	G安全与保障
FA规划设计	DA农业生产信息化	EA乡村产业数字化	GA安全管理
	DB农业经营信息化	EB乡村文化数字化	
	DC农业管理信息化	EC乡村治理数字化	GB技术应用安全
FB投资建设	DD农业服务信息化	ED乡村公共服务数字化	
		EE乡村环境监测数字化	
FC运营管理	C农业农村数据 CA数据资源　CB数据治理　CC数据服务		GC数据安全
	B数字基础设施 BA农村网络基础设施　BB农业农村天空地一体化监测网络　BC农村公共基础设施数字化改造升级		
A基础与通用	AA术语　　AB参考架构　　AC评价模型		

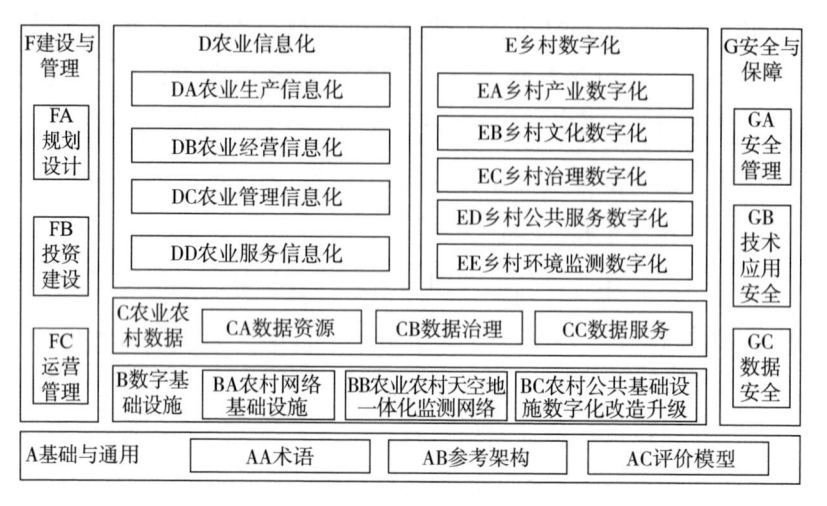

图 5-1　数字乡村标准体系结构

C 农业农村数据标准主要围绕涉农数据资源、数据治理、数据服务等方面，为数字乡村各类应用场景提供数据资源和数据服务支撑。

D 农业信息化标准主要用于指导农业生产、经营、管理、服务等方面信息化建设，是标准体系应用"主战场"和"绩效点"。

E 乡村数字化标准主要用于指导乡村产业、文化、治理、公共服务、环境监测等方面数字化转型，促进资源优化配置和城乡融合发展。

F 建设与管理标准主要包括规划设计、投资建设、运营管理等标准，用于指导数字乡村相关信息系统和平台全周期工作，体现建设、运营、管理并重的新理念。

G 安全与保障标准主要包括安全管理、技术应用安全、数据安全等标准，用于保障数字乡村相关信息系统、业务数据和农村居民个人信息的安全。

（二）数字乡村标准体系框架

《指南》同时明确了数字乡村标准体系框架，框架由基础与通用、数字基础设施、农业农村数据、农业信息化、乡村数字化、建设与管理、安全与保障七部分组成，如图 5-2 所示。

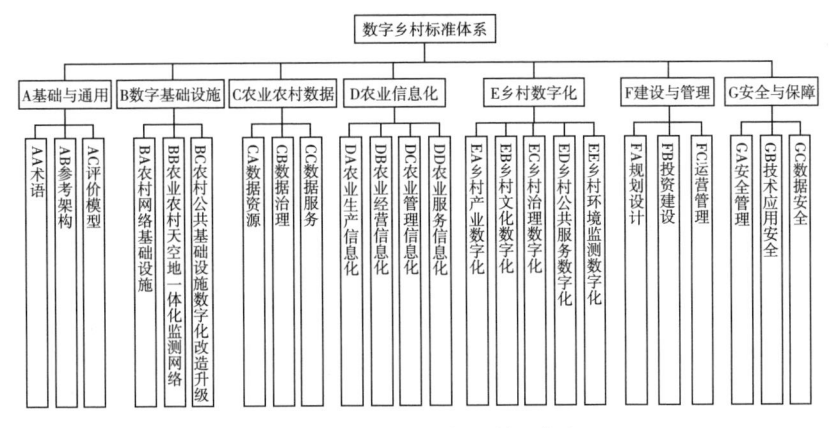

图 5-2 数字乡村标准体系框架

三、农业农村大数据业务标准体系成型

为贯彻落实党中央、国务院关于促进大数据发展的决策部署，在农业农村部党组和农业农村大数据工作协调推进小组领导下，在总结借鉴国内外先进经验的基础上，由农业农村部大数据发展中心会同相关单位，聚焦农业农村大数据发展需要，立足提升农业农村部门数字化治理能力，制定了《农业农村大数据业务架构》，经农业农村部常务会议审议并印发实施，为各方统一思想、锚定目标、齐心协力推进农业农村大数据工作提供了重要依据。

随着《数字乡村建设指南2.0》的加速推进，农村网络基础设施与网民规模的快速增长，叠加生成式人工智能、大数据、移动互联网等新一代信息技术的快速渗透，各种类型的海量数据加快形成，为发展农业农村大数据提供了良好基础和现实条件，为解决我国农业农村大数据发展面临的问题和瓶颈提供了"技术—制度"双重解决方案。农业农村部成立了大数据发展中心，加大力度支持农业农村部大数据建设，推进数据流通共享开放，促进各类数据功能有效发挥，同时完善农业数据标准体系，加强数据安全管理，为农业农村大数据的发展与应用夯实了基础。

该标准体系框架包括五个标准类别，即基础标准、技术标准、管理标准、安全标准和应用标准，在数据分类、数据质量、数据发布等22

个方面为农业农村大数据规定具体要求,如图 5-3 所示。

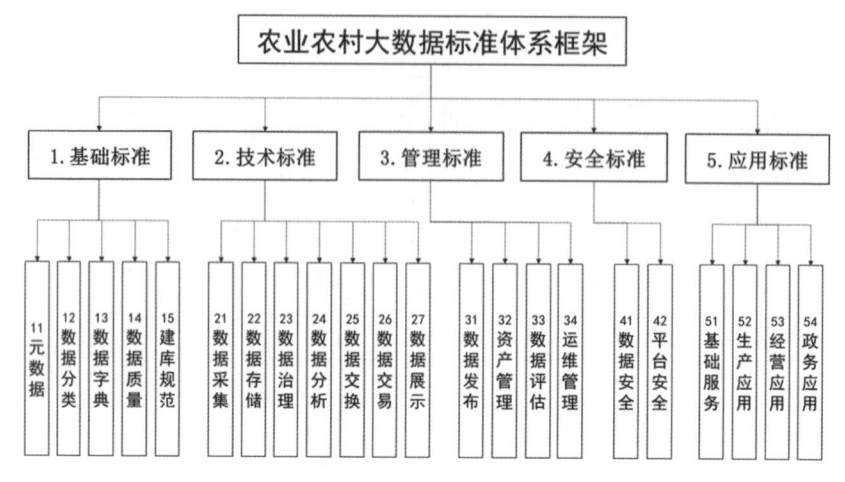

图 5-3 农业农村大数据标准体系框架

其中,农业大数据核心元数据标准于 2021 年 12 月 15 日发布,2022 年 6 月 1 日起正式实施,该标准对农业大数据的元数据元素构成、元数据属性、核心元数据和核心元数据扩展等作出要求,适用于农业大数据采集、存储、处理,以及信息共享和发布活动中的数据管理。

四、上海市农业大数据标准体系建设案例

全国积极响应,完善农业大数据标准体系,加速推进数字乡村建设,涌现了不少典型案例。以上海市农业大数据标准体系建设为例。近年来,上海市农业大数据标准体系建设取得重大进展。上海市农业农村委员会围绕上海数字农业转型目标,本着全面性、前瞻性和可执行性的建设原则,建立上海农业大数据标准体系,对上海农业大数据进行标准化工作。在相应的数据标准管理组织和制度保障下,上海农业大数据标准体系建设的实施分五个阶段开展。[①]

第一阶段是标准规划。上海农业大数据标准体系建设按照"业务分

---

① 周甦芳、范浚、叶有灿、周艳:《上海农业大数据标准体系建设思路研究》,《上海农村经济》,2022 年第 2 期。

析—大数据应用场景模型建立—标准需求分析—标准体系框架"的基本思路渐进式开展。首先，以全局观念、系统思维跨行业、跨部门、跨单一需求提炼应用场景，分析大数据技术与业务的结合点，建立上海农业大数据应用场景模型。其次，基于业务分析模型和大数据应用场景模型，进行标准需求分析，形成标准体系并最终细化到具体标准。最后，确定上海农业大数据标准体系框架的应用范围，厘清与已有规范性文件的关系，建立上海农业大数据标准体系框架。

第二阶段是标准编制。根据第一阶段确定的数据标准体系框架和分类，首先确定各分类数据标准模板，然后由相关人员依据相关国标、行标、技术业务需求等调研结果，进行数据标准的编制，形成数据标准初稿。

第三阶段是标准发布数据标准编制完成后，为保证数据标准的完整、规范，对数据标准进行评审。在充分征求专家意见以及各相关部门人员意见后，修订和完善数据标准。完善后的数据标准经过数据标准管理组织领导审批通过后发布，形成正式的数据标准。

第四阶段是标准执行。确定数据标准落地策略和落地范围，制定并执行相应的落地方案，跟踪数据标准落地情况并评估成效。

第五阶段是标准维护。数据标准后续可能会随着业务的发展变化、国标和行标的变化，以及应用需求的变化而不断更新和改善。在这一阶段，责任部门需要对标准变更建立相应的管理流程，保障数据标准能够持续地进行更新和改进。

农业大数据标准的建立，化解了农业业务系统机构各自为政、缺乏统筹的问题；在统一标准的保障下，通过共享互通与信息更新机制的建设，减少了因业务数据资源分散而出现的信息系统"孤岛"，降低了农业数据资源"碎片化"，促进了农业大数据的应用和价值挖掘。

五、提升农业大数据标准规范的建议

（一）加强组织建设，建立专门管理组织

由相应的数据标准管理组织负责数据标准的统一管理，承担数据标准的制定、维护、应用和监督等工作。另外，数据标准管理工作的展开还需要一系列的数据标准管理制度，包括数据标准管理办法文件、数据标准规范文件、数据标准管理操作文件等。数据标准管理的实施绝不是一个部门或者单位的事情，需要从整个地区政府及地区农业农村委员会考虑，建立专业的数据标准管理组织体系，制定数据标准战略和实施路线图，明确各阶段数据标准工作的目标和内容，并监督及考核数据标准的贯彻与执行。

（二）重点加强顶层设计，完善细分领域标准规范

结合国内外大数据技术、大数据产业、数字政府、数字经济领域及其标准化的现状，不断提炼大数据标准化需求，适时修改完善当地农业大数据标准体系。围绕推动数据融合、打通数据壁垒、建立数据资源共享体系，充分利用数据管理新模式等重点工作任务，强化农业大数据标准体系规划布局和发展路线研究，发挥标准的规范引领作用。

（三）深入开展标准化需求调研，强化标准研究和应用的需求导向

围绕各地农业数字化转型的实际需求，加强标准化需求调研，大力开展农业行业应用领域大数据标准研制工作，以标准化的手段推动农业产业改革，激活大数据与农业农村经济融合发展。

第二节 大数据采集体系不断扩展

2013 年，习近平总书记在视察中国科学院时指出，大数据是工业社会的"石油"资源，谁掌握了数据，谁就掌握了主动权。国务院 2015 年发布的《促进大数据发展行动纲要》对发展农业农村大数据作出了战略部署。当前和今后一个时期，必须在不断改进传统统计方法的同时，高度重视并尽快部署启动基于互联网的数据采集和挖掘工作，通过"两轮"驱动实施国家农业大数据战略，才有可能使我国农业信息采集分析发布能力有质的飞跃，才有可能在世界农业竞争中实现"弯道超车"，并把这一软实力打造成中国现代农业的一项核心竞争力。

农业大数据的采集是指利用信息技术将农业要素数字化的过程。农业大数据来自农业生产、农业科技、农业经济、农业流通等方方面面，不同的数据源，对应不同的数据获取技术。

一、大数据采集内容基本实现全覆盖

依据《"十四五"全国农业农村信息化发展规划》的战略部署，农业大数据采集体系遵循"资源—生产—市场—管理"四维架构展开系统化建设。根据农业的产业链划分，目前农业大数据搜集主要集中在农业环境与资源、农业生产、农业市场和农业管理等领域。

（一）农业资源环境数据层：生态基底数字化建模

农业自然资源与环境数据主要包括：土地资源数据，通过高光谱遥感反演土壤有机质含量、电导率等14项指标，建立耕地质量动态数据库；水资源数据，基于物联网传感器网络采集灌溉用水效率、地下水埋深等参数；气象资源数据，运用风云四号卫星数据生成1千米网格化气象预警模型，实现霜冻、干旱等灾害预警准确率等。

（二）农业生产过程数据层：全生命周期精准管控

农业生产数据包括种植业生产数据和养殖业生产数据。其中，种植业生产数据包括良种信息、地块耕种历史信息、育苗信息、播种信息、农药信息、化肥信息、农膜信息、灌溉信息、农机信息和农情信息；养殖业生产数据主要包括个体信息、个体特征信息、饲料结构信息、圈舍环境信息、疫情系谱情况等。

（三）农业市场流通数据层：供应链智能优化

农业市场数据包括市场供求信息、价格行情、生产资料市场信息、价格及利润、流通市场和国际市场信息等。

（四）农业管理决策数据层：治理能力现代化

农业管理数据主要包括宏观决策、质量监管和应急响应三个方面。宏观决策包含国民经济基本信息、国内生产信息、贸易信息；质量监管包含国际农产品动态信息；应急响应包含突发事件信息。

二、大数据采集方法向智能化综合化全局化发展

农业大数据的采集与信息技术的发展密切相关，不同信息技术直接影响农业数据的采集维度、粒度、频度、广度等。具体来讲，随着采集数据由定性数据到定量数据，从单项数据到综合数据，农业大数据采集方法的发展经历了以下几个过程。

（一）定性数据采集——主要依靠实际调研

可以将不含有数字的信息称为定性数据。定性数据是指通过人工经验判断获取的非数字化信息，其采集主要依赖农户访谈、田野观察、焦点小组研讨等方式，记录传统农耕智慧、主观生产评价及产业趋势预判。这类数据虽无法精确量化，但能辅助决策者理解地方特色品种保护价值、优化生态种植模式，通常与传感器监测的定量数据形成互补，构建"经验逻辑+数据验证"的决策模型，如将农户口述的病虫害发生规律与物联网监测的温湿度变化曲线叠加分析，精准定位防治窗口期。

（二）样本数据采集——人工为主、设备为辅

样本数据已经属于定量数据采集阶段，是指通过人工操作专业设备按标准化流程采集的定量化信息，其典型应用包括两类：一是依据《农业部农产品价格监测规范》，全国5000个监测点每周定点采集水稻、化肥等200种农资的规格品价格（精确到小数点后两位），形成价格波动指数指导市场调控。二是按照《测土配方施肥技术规范》要求，每100亩耕地按"S"形路线采集15厘米深混合土样，通过原子吸收光谱仪检测pH值、氮磷钾含量等7项指标，生成定制化施肥方案。

（三）局部系统数据采集——以智能自动设备为主

局部系统数据采集主要依靠自动化设备来精准监测农业生产中的关键指标，减少人工干预。例如，在智能温室中，通过传感器实时监测环境温湿度和光照强度，自动调节遮阳和通风设备，帮助作物更好生长；在规模化养殖场，利用电子耳标记录每头牲畜的进食情况，结合体重数据调整饲料投放，提高饲养效率；在水产养殖中，通过水质监测设备动

态检测水中溶氧量和酸碱度，自动控制增氧设备维持适宜环境。这些技术让农业生产更精准高效，从过去依赖经验判断转向依靠实时数据指导决策。

精准农业的核心在于通过自动化监测设备实时掌握农田、温室和养殖场的环境变化，帮助农民科学决策。具体来说：在露天农田中，系统会持续监测土壤的湿度、肥力、酸碱度等指标；在温室大棚里，传感器自动采集空气温湿度、光照强度、二氧化碳浓度等数据；养殖场则通过设备实时检测舍内温度、有害气体浓度、通风状况；水产养殖中则重点监控水温、溶氧量、水质清洁度等关键参数。所有这些数据都会自动汇总到中央系统进行分析，最终生成精准的施肥、灌溉、通风等操作建议，既能减少资源浪费又能提升产量品质。

（四）综合系统数据采集——多种信息技术综合运用

智慧农业是农业生产的高级阶段，可以理解为用现代科技手段全面升级传统农业生产。它把田间的传感器、天上的卫星、市场的数据分析及各种智能设备连接起来，形成完整的数字管理网络。比如，农田里的湿度探头自动监测土壤干湿，无人机扫描发现庄稼是否出现疫病，系统能自动计算最合适的灌溉或打药方案；养殖场的通风设备会根据实时空气质量自动调节，鱼塘的水质监测仪发现异常会立即报警。这些技术不再局限于某个环节，而是把整个农业生产链条的数据汇总分析，让农民能像用手机查看天气预报一样，随时掌握作物生长状态、市场行情变化，实现科学种地、精准管理。

当前，农业大数据应用需要重点建立覆盖全产业链的系统化数据收集机制：把从研究、种植、运输、加工到销售等各个环节的数据整合起来，利用现有的技术手段，制定统一的数据采集标准，形成长期稳定的数据收集体系。例如，把各地农技站的土壤报告、合作社的生产记录、物流车辆的运输路线等分散信息汇总分析，就能更精准指导农民调整种植品种、优化销售策略，让农业生产从"靠经验"转向"靠数据"，提高整体效率和收益。

第三节　大数据分析应用体系建设持续完善

随着大数据技术的普及与应用，人类活动轨迹、数字化平台运行状态、传感设备监测数据及定位装置生成的信息流等多源异构数据被系统化采集，形成大规模数据集。相较于传统科学大数据以验证理论假说为导向的系统性采集，此类海量数据的生成与汇聚在初始阶段往往并没有明确的科学目标。它们通常以一种离散的形式而存在。而基于人类活动轨迹的多源数据深度挖掘与关联分析，揭示潜在规律以优化系统运行效能，构建预测模型支撑前瞻性趋势研判，所形成的数据驱动的决策范式，对人们的生产生活产生了巨大的影响。这个过程所依赖的就是大数据分析应用技术。因此，从数据到信息、信息到知识、知识到决策的价值转换过程，我们可将其称为大数据分析应用技术的多维数据价值增值路径。

在数字化进程加速的宏观背景下，数字经济成为经济社会的一个重要内涵，数据资源作为新型战略生产要素逐步完成了价值确权，正在驱动大数据分析应用体系进一步影响世界的运行状态。这体现在社会运行中的方方面面，当数据被记录、收集和储存，碎片化的多源异构数据被有序积累，如何深刻分析数据分布规律、深入挖掘数据价值，将成为新时代需要解决的关键问题。据美国国际数据公司（IDC）的报告，2020年全球数据量为44ZB左右，2025年全球数据量将达到175ZB。而这些数据只有2%得到了留存，且留存的仅50%被使用过。由此可见，在数据资产规模呈几何级数扩张的态势下，依然会存在数据泛滥与高价值数据缺失的情况，数据价值挖掘能力与资源体量之间形成的持续性缺口很难避免，这一失衡现象已成为制约数据要素市场化配置的关键瓶颈。

在数字平台经济领域，基于海量数据融合、深度神经网络架构与高性能计算集群的技术范式，通过分布式架构优化与并行计算加速策略，实现超大规模数据吞吐与异构计算资源利用率提升，进而在有限场景下对中低复杂度决策任务实现精度突破。而在开放复杂的系统环境下，一些高阶复杂的问题难以直接模型化，如金融风险预测、个性智能诊疗、开放环境下的自动驾驶等。在这些高阶复杂的真实系统中，数据采集分布往往是不稳定和不完备的，这对要求精准判别的大数据分析处理模式提出了新的挑战。

大数据极大地扩充了各领域所用的数据源，将看似无序、庞杂的海量数据通过高精度的分析模型存储到公共开放的数据云空间中。大数据技术与农业的结合克服了我国农业生产规模小、经营分散造成的数据宽泛、采集复杂和决策困难等弱点，增强了整个农业产业链的数据整合和数据共享能力。可以说，农业本身就是大数据的一个理想的应用领域。当前，大数据在农业领域的分析应用包括农业生产、农业服务及农业经营等领域。

一、农业生产领域的大数据分析应用

大数据分析应用体系可以按照时间序列收集的历史性农业数据，利用相关技术得出元数据并导入高程数据模型中，进一步得出数据间时间和空间的关联性及关联规律，为农业生产决策提供科学的参考样本。比如，传感技术可以实时采集空气温度、土表温度、土壤湿度、气压、雨量等参数，通过数据传输到大数据平台和数据库中，控制终端接收到数据后生产和科研人员便可以在海量数据的基础上实施生产智能化管理，涵盖耕地、育种、播种、施肥、病虫害防治、气象预测、植保及成熟期预测等环节。当前，我国部分特色农业优势产业如生猪、蔬菜种植已建立相应的大数据平台，平台效应已作用于预防灾害、提高生产效率、保障产量和错峰上市等方面。

二、农业经营领域的大数据分析应用

大数据技术的一个重要优势是其集成化程度高，能承载大规模的并

发访问，为多模块的数据监测提供空间。金融、互联网企业及各大运营商纷纷布局大数据，储备了包括农业在内多产业的数据资源，能够为农业经营主体提供个性化市场信息定制服务，避免了重要农产品、特色农产品的趋同性及价格的过度波动，深入推进了农业供给侧结构性改革，实现了农业智慧经营。人工智能、云计算、移动物联网技术与农业的跨界融合形成了完善的数据中心系统，打造了基于农业大数据平台的新产品和新业态。休闲农业和乡村旅游颠覆了传统商业模式，盘活了乡村社会的闲置资源，将其与休闲农业和乡村旅游的消费倾向与消费需求相匹配，开启了共享经济发展的新里程。与此同时，大数据应用到农业领域可以在减少投入的基础上提高产量，借助传感技术和可视化技术实施叠加监测，减少农药和化学品的使用，节约水资源，为解决农业生态环境问题提供巨大空间，是建设美丽乡村、实现乡村振兴的重要举措。

三、农业服务领域的大数据分析应用

越来越多的农户和农业企业已经具备全产业链思路，尝试依托大数据开展农产品质量管理和推广农资、农技服务，扩大产业规模。绿色产品、有机果蔬越来越受到消费者的青睐。针对普通消费者在购买过程中出现的难辨真伪、难分优劣现象，农业大数据平台的模块化管理则实现了对农产品品质的源头把控，客户通过移动界面可清晰了解农产品生长数据、田间情况及运输、加工、流通环节的管理状态，实现了农产品质量的全程可追溯。同时，大数据的预见性模型可结合相关历史数据评估农业区域、农业市场及农业项目的潜力，农资服务可以有针对性地引导农产品种植和生产资料流转，满足市场需求，达到供需平衡。在传统农技服务的基础上利用大数据技术为农户提供专家解答和相关技术服务，实现农技人员与指导需求相匹配，为增收增产创造有利条件。农业应急管理也是农业服务中的一项重要工作，我国农业生产自然灾害频发，应开展常态化的梳理工作，为各信息部门的元数据内容建立应急信息目录和监测指标体系，围绕预测预警和灾害评估等核心任务开展大数据挖掘

和活化，提升重大自然灾害信息更新的及时性，最大限度减少农业生产的生命财产损失。

第四节 单品全产业链大数据建设多点开花

农产品单品全产业链运作是一种农业产业化创新经营模式，是基于需求侧驱动的农业产业价值重构范式，通过构建"生产－加工－流通－消费"纵向耦合的全链路整合机制，实现要素集聚效应与边际效益增值。其技术内核在于建立全生命周期数据资产化平台，依托物联网感知层实时捕获作物生长参数与供应链动态，运用智能决策矩阵优化资源配置效率，最终形成涵盖溯源监管科技框架、精准营销算法模型及分布式仓储调度的数字化解决方案，推动农业产业集聚，进而释放巨大的发展潜力，助力特色高效数字农业发展，加速实现农业现代化。

农产品全产业链管理需要大数据支撑。大数据服务农业全产业链，通过完善农业大数据采集、汇聚、分析、服务机制等方式提高各类数据资源要素的整合效率，打造智能化的全产业链大数据平台，为生产主体提供种植方案模拟、市场价格预测及碳足迹认证等数据服务，实质推动农业产业从经验驱动型向算法增强型范式跃迁。

2016年，中国农业农村部印发《农业农村大数据试点方案》，明确主要任务之一是开展单品种大数据建设。依托本地区优势特色产业，开展单品种全产业链大数据建设，建立完善的数据采集、数据分析和数据服务机制，增强生产经营的科学决策能力。在全国范围内开展生猪、柑橘、花生、马铃薯、大蒜、绿叶菜、大闸蟹、普洱茶8种重要农产品的大数据试点工作（表5－1），探索建立分品种分产业的全产业链大数据工作。

农业单品全产业链大数据平台的建设思路：围绕农作物从育种、种植到加工销售的全过程，利用传感器、互联网等技术实时采集各环节数据，建立统一的数据仓库进行清洗整合，再通过智能算法分析形成种植建议、市场预警等决策方案，帮助农民科学安排生产、企业优化供应链，最终实现产业增效和农民增收。

单品全产业链大数据平台是各地对特色农产品产业全方位、全角度、全链条的数字化改造，农业单品全产业链大数据平台通过物联网设备实时采集种植、加工、物流、销售全流程数据，利用云计算和人工智能分析生成精准的种植指导、供应链优化及市场预警方案，并借助区块链技术建立可追溯的质量监管体系，最终实现农业生产智能化决策、产品品质可信化认证和全产业链增值增效，推动农业高质量发展。

同时，一些单品全产业链大数据平台还开发了企业端，平台运用大数据等现代信息技术，建立了特色农产品管理信息实时填报系统，并支持对接省份的相关平台，实现全省范围的数据共享，便于企业追溯历史数据、调整规划方案。

表5-1 单品大数据试点

单品大数据	具体要求	试点省份
生猪	利用大数据技术构建生猪价格发现机制，汇聚生猪全产业链数据，通过分析模型和关联分析技术，加强生猪价格周期波动规律研究	北京、重庆重点完善以消费趋势为导向的生猪全产业链数据监测试点，四川重点依托生猪生产及价格监测预警系统开展建设
柑橘	整合柑橘产业资源数据，结合物联网监测数据、调查统计数据及电商平台数据，进行数据挖掘分析，为管理部门决策、生产者经营管理及消费者提供服务	江西重点依托省农业数据云建设柑橘全产业链大数据中心，重庆重点建设市柑橘产业大数据中心
花生	开展花生品种面积、生产资料、气象环境、精深加工、仓储运输、市场价格等数据采集，通过数据清洗、分析、挖掘和服务，指导决策、服务生产、辅助经营	辽宁重点加强数据采集体系、数据处理团队及分析模型构建，吉林以扶余四粒红花生为重点建设大数据支撑平台及统计分析队伍
马铃薯	采集马铃薯生产、加工、仓储和销售等数据，结合农业气象数据进行分析及预测，为农民提供决策支持及信息服务	内蒙古

续　表

单品大数据	具体要求	试点省份
大蒜	围绕大蒜生产、科研、消费、仓储、流通、进出口等环节，加强数据采集和分析发布，形成具有权威性的大蒜数据采集和发布平台，引导大蒜生产和市场平稳运行	山东
绿叶菜	依托农产品价格信息监测平台和蔬菜园艺场田间档案信息管理系统，打通绿叶菜从生产管理、投入品监管、质量安全追溯、价格行情到补贴发放等业务数据资源，建设绿叶菜生产经营管理地图	上海
大闸蟹	结合农业物联网试验示范、电子商务等工作，开展大闸蟹全产业链数据建设，推动大闸蟹智能化生产、质量安全全程追溯及品牌建设	江苏
普洱茶	依托省级农业物联网应用云平台，联合相关企业和科研机构，加强普洱茶相关数据采集分析和应用，提供产前区划适应性评价、科学育苗选种，产中精准施肥、科学用药，产后市场监测、供需分析等数据服务，建设普洱茶全产业链数据服务平台	云南

单品全产业链大数据平台的建设促进了生产加工数字化、经营流通数据化、质量监管精准化、过程服务高效化、数据信息可视化。一方面加强了对特色农产品的全产业链监管，另一方面能实现技术、资金、人才、物资等要素在农业产业发展上的合理分配，最终受益者是企业和百姓。

由于农业大数据建设主体涉及面广、大数据数据类型复杂多样、大数据建设工程异常艰巨，因而农业大数据建设应实施"单品种突破、全链示范"策略：针对当前农业数据采集主体分散、数据类型繁杂、系统建设难度大的现状，各省应优先选择地域特色鲜明的名优农产品，按照"一省一链""一业一链"模式搭建从种质资源管理到消费市场分析的全产业链数据体系——具体实施路径包括建立统一数据采集规范、打通部门间数据壁垒、开发产业链协同管理平台等。该模式的优势在于：特色农产品已形成较完整的产业基础，便于快速构建标准化数据模板；形成的建设经验可直接迁移应用于其他农产品的数字化转型，最终实现农业大数据体系的规模化建设。

以单品种农产品为主线全产业链的建设应聚焦地域性名优产品，通过田间传感器、卫星遥感等物联网工具，实时采集种植环境参数、加工流程数据、物流追踪信息及消费市场动态，建立覆盖"生产端—流通端—市场端"的标准化数据模型；再通过智能分析系统打通产业链堵点，最终形成既能指导农户科学种植又能优化供应链调度的数字解决方案，实现特色农产品从"靠经验种地"到"用数据决策"的转型升级。

第五节　大数据系统应用广泛

大数据已经成为现代农业新型资源要素。大数据是驱动农业现代化的新引擎，是推动农业农村经济高质量发展的新动力，是推进乡村治理能力现代化的新手段。随着信息化和农业现代化深入推进，农业农村大数据正在与农业产业全面深度融合，逐渐成为农业生产的定位仪、农业市场的导航灯和农业管理的指挥棒，日益成为智慧农业的神经系统和推进农业现代化的核心关键要素。农业大数据应用系统目前已基本覆盖种植业、畜禽养殖业、渔业和林业。

一、种植业的大数据应用

在农业数字化转型实践中，各省通过搭建智慧农业平台实现了技术突破与产业升级。以江苏省为例，全省64项成果入选全国数字农业农村新技术新产品新模式优秀案例，数量位居全国第二。在太湖现代农业示范园的智慧大田，灌溉站设置有39个配套监控及智能阀门，依托土壤温度、湿度、pH 值等传感器时刻监测大田环境，结合风向、风速、空气温湿度、辐射和降水量等气象数据，实现 1156 亩大田的精准化种植和可视化管理，通过智能收割机和智能拖拉机，实现收割路径自动规划及远程无人作业，诸如犁耕、旋耕、耙田、深松、播种、整地、开沟等。

苏州正在进行智慧育种行动，依托农业高企，利用 AI 自动成像识别系统、种苗自动吹除系统和植物机械抓手，实现自动补苗，建设自动播种流水线，8 小时可播种 100 万粒种子。

常熟国家农业科技园区的智能温控室，9 个温室的监控参数及温室内作物生长的监控画面同时在一张巨大的 LED 显示屏上实时显示，自动记录历史数据并生成走势图，13 种传感器负责收集数据，实时监控温室内的环境参数，远程调节温室内植物的生长环境以达到"最优"状态。

随着各地积极响应数字乡村建设，各类智慧农业应用场景加速落地，越来越多的智能设备融合大数据等信息技术应用在田间地头、温室鱼塘、园区农场等，为农业生产注入澎湃的科技动力。

二、畜禽养殖业的大数据应用

传统养殖模式存在污染严重、禽病预防控制不力、养殖流程智能化程度低等痛点，亟须提升养殖智能化程度。智慧养殖解决方案通过传感器等硬件实现对外部环境信息的收集，再基于大数据应用系统等完成数据的处理与分析，对养殖进行全生命周期的智能干预，提升养殖业精细化管理水平。智慧养殖可以协助企业降本增效，推动行业智能化改革，对我国建立现代养殖体系具有重大意义。

近年来，中国智慧养殖政策顶层设计加速完善，形成从基础设施建设到技术推广应用、社会化服务的完整政策体系，促进智慧养殖快速发展。2012 年，国务院印发《关于加快推进农业科技创新持续增强农产品供给保障能力的若干意见》，首次明确提出全面推进农业农村信息化，重点推进生猪和奶牛规模化养殖小区建设，为智慧养殖开启数字化的新篇章。2018年，中共中央、国务院印发《关于实施乡村振兴战略的意见》，提出优化养殖业空间布局，大力发展绿色生态健康养殖，推动传统养殖向智慧养殖迈进。2019年，《数字农业农村发展规划（2019—2025年）》发布，从资源体系、生产经营、管理服务、治理体系等角度对农业农村数字化转型进行全方位规划，系统部署并加快推进数字养殖牧场建设，为智慧养殖发展指明方向。2022年，财政部、农业农村部发布《2022年重点强农惠农政策》，宣布实施奶业振兴行动、肉牛肉羊增量提质行动，实施农技推广特聘计划，保证智慧养殖业健康发展。在全方位政策加持下，未来的养殖模式将向集约化、规模化和现代化发展。

以养猪业的发展为例，随着新基建、5G、大数据、人工智能等数字化技术的发展，打破了企业传统经营模式，线上办公降低疫病风险，远程化、无人化养猪减少人力投入，数字化升级从而实现降本增效，成为未来生猪企业的热潮。

甘肃省徽县智源生态智能养殖基地项目于2022年8月投产，总投资3800万元，建成含繁殖、分娩、保育、育肥等全流程智能化猪舍2.16万平方米，核心设施包括：①智能管控中心，通过传感器实时监测每栋猪舍的温湿度、氨气浓度等20项指标；②精准饲喂系统，根据生猪生长阶段自动调节饲料配方，减少5%的饲料浪费；③环境调控系统，联动风机与水帘实现温度智能调节，降低能耗15%；④生态循环系统，粪污经固液分离后制成有机肥，年处理能力达3万吨，实现养殖污染零排放。该项目通过"大数据"智能化管理手段使生猪存活率提升至98%，每头育肥猪养殖成本降低80元。

在实行"大数据"智能化管理之前，传统养殖场的生产效益非常低，仅靠工人的个人经验来记录和预判，生产线上的管理工作近乎为零。如今，通过部署智能化管理系统，包括自动精准饲喂、环境恒温调控、生产数据实时监测及粪污资源化处理四大模块，节省了人工，减少了浪费，彻底改变传统依赖人工经验的粗放模式。这种模式既为生猪在最适宜环境下健康生长、精准饲喂和生产绿色优质产品创造了条件，又实现了养猪场管理的智能化、信息化水平，一举多得。

如今，徽县智源生态智能养殖项目已建成从种猪繁育到商品猪出栏的全流程智能化体系，目前养殖能繁母猪 2600 头，年销售仔猪超 5000 头，满产后年出栏量将达 5 万头，并通过农业农村部国家级生猪产能基地认证。这突出体现了"大数据"生态智能养殖模式的成功。

徽县依托秦岭生态屏障的区位优势与智能养殖技术革新，构建起"种猪繁育—规模化养殖—屠宰加工—冷链销售"全产业链体系，现有万头以上智能猪场 4 个（含兴疆牧歌环境恒温猪舍、中康利基因选育中心），2022 年实现生猪出栏 20.1 万头，畜牧业产值 3 年增长 87.5% 至 7.5 亿元，其中龙头企业通过应用三级生物安全防控系统，使养殖损耗率低于行业均值 2 个百分点，配套建成的年产 30 万头屠宰线与 3 万吨冷链仓储中心，推动生猪产业从传统散养向"良种选育 + 智能环控 + 精深加工"的现代化模式跨越升级。

徽县通过打造百万头级生猪全产业链集群，形成"种养加销"联动效应：上游带动 5 万亩玉米种植基地年产饲料原料 30 万吨，中游整合年产 40 万吨饲料加工和年处理 20 万吨粪污的有机肥生产线，下游延伸至年屠宰 50 万头的冷链物流体系和 15 亿元产值的肉制品深加工中心。同时，配套发展餐饮住宿等服务业新增就业 2000 个岗位，实现全县农民人均年增收 850 元，推动农业结构从单一养殖向"种养循环 + 三产融合"升级，使生猪产业成为县域经济核心引擎（占 GDP 总量 12%），成功构建起富民强县的现代畜牧产业生态圈。

三、渔业的大数据应用

中国作为全球水产养殖第一大国，其水产品总产出量占世界总量的 35%，其中养殖产量占比更高达 62%。自 1978 年改革开放以来，全国水产总量从 475.6 万吨持续增长，40 年间构建了全球最大的水产蛋白供给体系，不仅为城镇居民提供近 30% 的膳食蛋白质来源，更通过

"以养代捕"模式，有效缓解了海洋渔业资源压力，对国家粮食安全战略形成关键支撑。我国水产养殖在快速扩张中面临资源过度消耗与生态环境压力的问题，需要通过渔业大数据构建全产业链管理体系来保障渔业生产安全、提高产业经济效益和渔民增收、促进产业转型升级，从而解决当下渔业面临的诸多问题。

我国政府非常重视渔业大数据建设，《2018年渔业渔政工作要点》强调，要不断提升渔业信息化支撑能力，包括实施"数字渔业"示范项目建设，建立完整的渔情数据监测发布机制，推进渔业渔政信息系统整合和数据共享等。这些都是在国家大数据战略下渔业领域具体工作落实，发展"互联网+大数据"支撑渔业科研、管理、经济，促进渔业绿色发展、提质增效已经成为共识。

2018年，中国渔业协会与九次方大数据签署了战略合作协议，共同筹备成立中国渔业大数据研究院，旨在利用大数据服务乡村振兴，挖掘渔业数据资源价值，实现渔业生产自动化、决策智能化、管理数据化。中国渔业大数据研究院的定位是单品种大数据、全产业链。也就是说，在整个渔业产业中，不再笼统研究鱼、螃蟹等大类，而是要细分成黄花鱼、罗非鱼、河蟹、花蟹等单品种进行数据研究。研究院的成立意味着中国渔业开始系统整合全行业数据资源，通过打通养殖、加工、销售等环节的信息壁垒，让水质监测、养殖密度、市场供需等关键数据实现共享。比如，通过实时监控养殖区水质变化帮助减少污染，分析消费趋势指导渔民调整养殖品种，建立可追溯体系让消费者吃得放心，最终实现科学养殖提质量、环保技术护生态、数据支撑创品牌，推动渔业可持续发展。

此外，区域之间也积极开展大数据应用系统的合作。京津冀渔业部门通过共建大数据协同平台，整合三地2000余家养殖企业、300个监测站的物联网水质数据及每日超50万条市场交易信息，建立覆盖苗种繁育（北京）、生态养殖（河北）、冷链物流（天津）的全链条数据共享机制，全方位实现三地渔业信息定期互通，探索共建覆盖京津冀的渔业基础信息大数据中心。

农业大数据技术的广泛应用加速全国范围内农业农村数据共建共享，提升了数据整合效率与管理效能；推动农业农村数据质量管理水平提高，为推进数据驱动的密集型科研活动提供标准化优质数据资源；为用户提供开放、统一、便捷、一站式数据共享服务，促进农业农村数据开放、共享，为业务部门业务发展，以及决策管理部门进行农业政策制定提供基础支撑；提高农业农村数据大数据分析决策效率，依托大数据资源池实现专题数据快速化定制和可视化呈现，数据价值挖掘灵活地呈现，按照不同服务区域，专题数据将从宏观、微观、时间、空间多个维度提供精确性数据，支撑实时点对点服务以提升决策效率。

四、林业的大数据应用

林业大数据系统通过布设温湿度传感器、树木生长监测仪及红外追踪设备等物联终端，实时采集森林碳汇量、病虫害传播路径、野生动物活动热点等80余项生态数据，结合林火蔓延预测模型和生物多样性评估算法，将传统依赖人工踏查的粗放管理升级为数据驱动的精准治理模式，实现枯立木识别响应时效从72小时缩短至2小时、濒危物种栖息地保护范围扩大40%，推动林业管理从"人力巡查"向"生态体征智能感知"转型，构建"数据流指挥物质流"的新型生态系统调控机制。该机制将林业资源高度整合和高效利用，使林业生产力得到极大提升，同时让林业与其他相关行业之间信息的互融互通成为可能，并将为更有效保护地球生态系统发挥巨大作用。

林业大数据是现代林业建设的核心组成部分，是智慧林业建设的基础。林业大数据可将安防设备、物联网设备和森林公安局的实际工作相结合，在森林防火、防盗防偷猎等应用场景都有很多价值。此外，还可应用于森林火灾、地质灾害的事前预警、事中处理，事后评估和知识积累。

针对林业数据业务系统分散，"信息孤岛"存在，且缺乏统一标准,导致数据壁垒;数据应用开发及协同共享难度大等问题,重庆市林业局运用大数据智能化手段,切实提高林业资源监管效率和水平。

重庆立足林业重点工程和改革创新,呈现出诸多亮点。截至"十三五"末,全市森林面积、森林覆盖率和森林蓄积量分别提升至6494万亩、52.5%和2.41亿立方米,较2015年底的5611万亩、45.4%和2.05亿立方米分别增加883万亩、7.1个百分点和0.36亿立方米。智慧林业建设工程作为重庆林业重点工程之一,以大数据等新一代信息技术为载体,构建一个"云+感知"新型基础设施底座,形成了大数据支撑平台和资源一张图、感知一张网、监管一平台、服务一条链四大智慧化应用体系。

同时,重庆市加紧落地落实《成渝地区双城经济圈建设规划纲要》确定的涉林重点工作任务。成渝地区双城经济圈智慧林业项目作为川渝林业部门首个跨省合作项目,在荣昌岚峰林场与泸县玉蟾山森林公园试点部署了300套红外热感摄像头、土壤墒情传感器等物联网设备,集成林业资源三维地图、AI火情监测(识别准确率95%)、古树健康诊断等18个功能模块,构建起分钟级响应的林区生态监测网络,该项目核心技术经两地林科院联合攻关已入选国家林草局重点推广名录,实现虫害预警时效缩短至2小时、重点古树保护率提升至100%,为跨区域智慧林业管理提供了可复制样板。

林业大数据平台、林业数据仓库、数据标准的建设,可为林业资源分析提供基础;林业资源领域等主要业务系统数据整合,建立林业各类信息资源数据库,满足部门、政府日常数据需求和交互使用。通过数据资源门户系统,可方便、快捷、稳定地获得数据信息,进行数据交换。同时,通过大数据应用系统,满足政府开展多源数据集成展示、综合分析和林地一张图、湿地一张图、石漠化一张图以及自然保护地一张图等专题分析的需求。

第六章 智慧农业

第一节 种植业数字化

一、种植业数字化内涵阐释

种植业数字化的概念，可以追溯到 20 世纪 90 年代末期，当时随着信息技术的发展，一些国家和地区开始探索将信息技术应用于农业领域，包括种植业。美国国家科学院、国家工程院的院士们在 1997 年首次正式提出了数字农业这一概念，这为种植业数字化提供了理论基础和技术支撑。

随着物联网、大数据、人工智能等技术的快速发展，种植业数字化进入一个快速发展的阶段。这些技术的应用使得种植业能够实现更加精准、高效的管理和生产。农业物联网技术可以将传感器、无线通信、云计算等技术应用于农业生产中，实现对农业生产全过程的监测和控制。例如，通过传感器监测土壤温度、湿度、光照等信息，实现对农作物的精准管理。农业大数据通过对农业生产全过程的数据采集、分析和挖掘，为农业生产提供更加精准的管理和决策支持。例如，通过对气象、土壤、作物等数据的分析，预测农作物的生长情况和病虫害发生的可能性，提前采取相应的防治措施。

政府层面也开始加大对种植业数字化的支持力度。例如，中国自 2017 年起，农业农村部以中央预算内资金开始支持数字种植业建设试点。发布了多项政策文件，如《关于坚持农业农村优先发展做好"三农"工作的若干意见》和《数字农业农村发展规划（2019—2025年）》，明确提出要进一步推进"互联网＋农业"，扩大物联网在农业中的示范和应用。

二、种植业数字化的现状剖析

种植业数字化已经在全球范围内得到了广泛应用。中国的数字种植业发展尤为迅速，主要农业品种全产业链数字覆盖率已达到一定水平。通过数字化转型，种植业已经实现了生产效率的提高、生产成本的降低及农产品质量的提升。

（一）遥感技术助力主产区数字化监管

遥感技术对于实现农业耕地管理数字化和农业土地利用信息快速获取具有重要意义。我国已基本实现全国土壤墒情和主产区小麦、玉米、水稻、大豆、棉花等作物的种植面积、长势和产量等指标监测。指导农业科学研究院和农业农村部大数据发展中心（筹）等开展国产高分卫星数据接收、存储和预处理系统建设，形成高分卫星数据中心农业农村节点。组织有关单位进行全国农业遥感监测与评价、国产高分卫星作物类型精细识别与制图、作物生长与生产力卫星遥感监测预测、全国土地覆盖/土地利用调查、"两区"种植结构监测等关键技术研究。

（二）无人农场数字化建设逐步推进

农垦系统在系统掌握智能育种、卫星导航、自动驾驶等先进技术基础上，积极探索全天候、全过程、全空间的无人化生产作业模式，为农业无人化发展提供了先决条件。黑龙江垦区作为国家农业现代化示范区，在智能化农业装备应用领域取得突破性进展。该垦区重点打造七星、创业、二道河等六大无人化智慧农场集群，通过农机智能化改造工程，累计完成6288台套水旱田作业机械的无人驾驶系统升级，涵盖耕种管收全流程作业环节。其中，旱田无人驾驶播种机实现厘米级精度导航，水田智能插秧机作业608.45亩，构建了国内规模最大的无人化农业作业体系。上海农场探索应用现代化技术，推进耕、种、管、收无人化模式，着力打造"一人万亩"智慧种田模式。

（三）北斗导航助推精准作业水平不断提高

发挥大田作物规模化优势，积极运用北斗导航技术实施精准作业是农业发展的必然方向。全系统装备北斗导航设备8300台套以上，导航作业面积6000万亩以上。黑龙江垦区综合运用北斗导航技术、地理信息系统（GIS）、遥感技术（RS），实现大田作物全覆盖。江苏垦区通过北斗卫星系统和基站，实现农机精准定位、预测预警、作业轨迹管理、历史轨迹回溯等功能，解决了纯机械化模式下农耕耗费资源过大的难题。

综上所述，种植业数字化是一个从初步探索到广泛应用、技术不断进步、政策支持不断加强的过程。未来，随着技术的不断进步和政策的持续支持，种植业数字化将进一步发展，为农业生产带来更多的机遇和挑战。

第二节 畜牧业数字化

以数字化技术为核心的畜禽智能化养殖技术不断深入畜禽养殖的各个环节。大数据、人工智能、深度学习等技术的发展，提供了高效感知、分析、存储、共享和集成异构数据的能力和分析手段。现代畜禽精细养殖系统实施畜禽养殖精准监测管理模式。借助安全可靠的现场数据感知技术获取生产一线的真实数据，通过4G/5G等无线网传输上传到云平台，借助强大的云计算能力，通过专业算法进行决策，再将相关调控规则下行到配备在智能养殖装备上的现场控制器上进行设施养殖全过程的智能调控。畜禽养殖环境感知技术是将传感技术、单片机技术及计算机技术等多方面综合应用的技术。信息传输技术主要包括现场总线技术和无线传感器网络（WSN）。基于"物联网+"的畜禽设施精细养殖环境调控在解决感知信息获取的可靠性与算法的基础上，在动态变化条件下自动整合感知获得的设施养殖多因子数据并进行实时建模，与传统设施养殖装备（环控、清粪、采食、饮水等）相结合，构建具备精细环控、精细饲喂等功能的智能化养殖设备体系，促进形成数据驱动的畜禽养殖精细管控能力。

一、畜禽养殖数字化监管水平持续提升

信息技术是实现畜禽养殖全产业链数字化监管的核心动力。我国通过积极探索建设畜牧业综合信息平台、饲料和生鲜乳质量安全监管系统，逐步实现养殖场数据直采直报直办和质量安全监管全程可追溯。"数字奶业信息服务云平台"实现奶牛的饲喂、产奶、配种、健康状况等信息实时采集，同步传输，显著提高了饲养管理水平。养殖场直联直报信息模块完成"畜牧业生产经营单位信息代码"的登记备案赋码工作，实现全国规模猪场和生鲜乳收购站生产情况的全覆盖精准监测；数字奶业信息服务模块打通了奶牛养殖、生鲜乳收购运输和交售等环节信息；奶业监管模块计划将全国生鲜乳收购站和运输车全部纳入监管，实现精准化、全时段监管；中国饲料工业信息模块登记并精准监测了所有持有饲料生产许可证的企业，约12000家。

二、兽药生产经营智慧监管不断推进

兽药数字化监管对规范畜牧产业有序发展、兽药规范合理使用、产品绿色化监管具有重要意义。通过全面推进畜牧兽医信息化工作，扩大了养殖场数据采集范围，实现了精准动态监测，初步实现了畜牧兽医监管监测信息横向互通、省部互联。畜牧业监测预警信息通过"掌上牧云"App进村入户，在指导养殖场户恢复生猪生产过程中起到了促进作用。

建设智慧兽药管理平台，建成兽药生产企业信息、兽药产品批准文号信息等数据库，采集兽药研发、生产、经营、进口等各环节各类信息。通过中国兽药信息网、国家兽药综合查询App等方式，公开、免费查询相关信息。进一步规范兽药生产企业追溯数据，推动兽药经营企

业及兽药产品追溯，提高各环节入出库率，实现了兽药生产环节、经营环节和兽药产品入网赋码"三个全覆盖"。兽药监管加快向智慧智能转变，工作效率明显提升。

三、动物疫病防控信息化水平显著提高

动物疫情数字化监管对保障动物健康、强化基层管理具有显著的促进作用。不断完善国家动物疫病防治信息系统，升级"兽医卫生综合信息平台"，增加动物疫病监测和报告功能，新增主要动物疫病周报表，在动物疫病监测和报告中新增非洲猪瘟病种。升级参考实验室疫病监测模块，细化填报指标。动物疫病信息更加全面、系统、精准，信息采集、报送和统计分析能力大幅提升。

第三节　渔业数字化

一、渔业数字化的内涵解析

渔业数字化是在渔业生产和管理领域对数字化技术应用的不断探索和实践中逐渐形成的。随着数字化技术的快速发展和普及，渔业数字化的概念逐渐得到了广泛的认可和应用。

渔业数字化是指利用物联网、大数据、云计算、人工智能等现代信息技术手段，对渔业生产、管理、交易等各个环节进行数字化、信息化和智能化的改造。这些技术的应用可以实现对渔业资源的精准监测、渔业生产的智能控制、渔业管理的科学决策等目标。渔业数字化不仅是一种技术手段的更新，更是一种产业变革。它改变了传统的渔业生产方式和管理模式，提高了渔业生产的效率和质量，降低了渔业生产的成本和风险。同时，渔业数字化还推动了渔业产业的转型升级，促进了渔业经济的可持续发展。

二、渔业数字化的现状分析

（一）渔业生产大数据基础平台建设持续稳步推进

渔业大数据资源是实现生产过程智能化监管的重中之重。目前，沿海 11 个省（自治区、直辖市）和大连、青岛、宁波、厦门等计划单列市相继建设了省级渔船渔港动态监控管理系统，并在此基础上建成了全国统一的数据应用平台，实现了海洋渔船动态船位信息全国"一张图"，有力支撑了渔政执法、安全生产、应急保障和日常监管等工作。建设完成国家级海洋牧场示范区管理系统，系统覆盖 136 家国家级海洋牧场示范区和 120 个人工鱼礁项目，实现部分示范区实时观测和在线管理。智能渔技综合信息服务平台完成验收并正式上线运行，为产业发展提供了科学、准确、高效的数据支撑。

（二）无人渔场端倪初显

无人化作业、管控对于降低劳动成本、提高劳动人民幸福感具有重要意义。广州市南沙区政府在中国农业大学国家数字渔业创新中心的支持下，联合推进无人渔场建设，加快无人池塘养殖和鱼菜共生智能工厂等 2 种养殖模式建设，引领水产养殖数字化。无人池塘养殖实现了立体水质环境和生物信息监测、动态调度无人机巡检和作业、无人船监测和巡检、无人车运输、精准增氧、精准投喂等。鱼菜共生智能工厂全部完成基础设施建设和立面及封顶工作，预计建成达产后，具备石斑鱼 200 吨，墨瑞鳕、笋壳鱼 250 吨的产能。无人化生产、流通、运营，是未来农业及其他行业发展的必然方向。

（三）渔业数字化装备建设不断完善

数字化装备技术是实现渔业智能、高效、安全管控的基础。持续推进海洋渔船通导安全装备建设，保障渔船高可靠通信。大力推广"插卡式 AIS"，制定设备技术规范，促进渔船设备及识别码的高效规范管理。加快实施渔业"宽带入海"，开展渔业船载专用通信设备数字化升级、渔船超短波自组织网络和渔船宽带卫星通信系统构建等工作，大幅提高海陆通信数据交换传输能力。

（四）渔业大数据应用分析能力不断提升

渔业大数据深度挖掘及分析技术在渔船渔港、渔业安全生产、船员管理等方面的保障作用显著。依托渔船渔港综合管理信息系统，实现了渔船、渔港、船员、渔获物等信息全面整合共享，开展基于时空关联特性的数据分析与典型应用。开展大数据分析应用，实现渔船渔港大数据的集聚利用、融合分析与可视化展示。创新渔业船员基本安全培训和考试方式，推行线上远程理论培训和实操视频评估考试，加快推进渔业船员"电子证照"工作。依托中国渔业船员管理系统，逐步实现渔业船员"考试发证、上船作业和违规计分"全业务流程和人员全职业生涯的线上线下管理。

（五）长江水域数字化监测体系不断健全

长江水域数字化监管体系的建立健全迫在眉睫。2020年，农业农村部组织有关单位编制《长江流域水生生物资源监测体系实施方案》，针对长江禁捕区域一体化系统布局监测站位，构建由1个监测中心、13个监测站位及108个监测站点组成的国家层面监测网络体系，确保监测网络全面覆盖长江流域重点水域。农业农村部在武汉成立"农业农村部长江流域水生生物资源监测中心"，围绕长江禁捕工作建立跨地区、跨单位的联合监测和研究体系，开展长期连续定点监测，将为科学诊断长江水生生物衰退原因、评估长江禁捕实施效果、促进长江生态保护修复打下坚实基础。

第四节　农产品加工数字化

数字技术，特别是人工智能系统和计算机视觉，在农产品加工和处理领域展现出了巨大的应用潜力与广阔的前景。这些技术的引入不仅为农产品加工行业带来了革命性的变革，也极大地提升了生产过程的效率、产品质量以及市场竞争力。农业全产业链数字化转型已成为推动农业产业升级换代的重要动力，它涵盖了从低端农业劳动力向非农产业转移，到高端技术人才向农业领域输送的全方位、深层次变革。

一、管理系统数字化程度持续提升

随着信息技术的快速发展，智能管理系统在农产品加工业中的应用越来越广泛。这些系统为农产品加工企业提供了数字化、信息化的解决方案，实现了网络化、智能化的运营和管理。管理系统可以为企业提供智能制造、成本控制、云平台运营、产品质量追溯、生产实时数据监控，以及企业生产流程优化等服务。同时，管理系统还涵盖了采购管理、销售管理、仓储管理、生产管理、财务管理、客户关系管理、固定资产管理、人力资源管理及商业智能决策管理等多个方面。这些功能的集成，使企业内的商流、物流、资金流、信息流得以充分整合，实现了自动化和高度集成。现代农业生产和管理的数字化前沿形式是集成数字生产复合体的形成。这种复合体融合了精准农业、人工智能管理及信息与分析管理系统，满足了提高生产效率、降低成本，以及显著提升产品质量的现代要求。集成数字生产复合体的构建，不仅提升了农产品的加工效率和质量，还为企业带来了更大的经济效益和市场竞争力。

二、生产系统数字化水平不断提高

在农产品加工过程中，自动化、智能化水平的不断提升为机器人的应用推广奠定了坚实的基础。如今，食材拣选机器人、食品加工机器人、食品包装机器人、码垛机器人、放吸管机器人、装箱机器人、自动物流分拣机器人、酿造机器人、灌装机器人、烹饪机器人等逐渐进入农产品加工企业。这些机器人的应用不仅提高了生产效率和产品质量，还降低了人工成本和安全风险。同时，农产品生产车间依托物联网技术，设计了完整的数字孪生系统。这一系统以三维模型为可视化载体，实现了机器设备的运维管理过程的数字化。数字孪生系统能够实时反馈生产设备状况，保证产品质量，并实现对农产品整个生产周期的追溯功能。

这不仅提升了生产车间的数字化水平,也为企业的可持续发展提供了有力保障。

三、农产品质量安全追溯系统进一步完善

农产品质量安全是社会关注问题,也是农产品加工企业必须面对的重要挑战。为了保障产品质量安全,农产品加工企业纷纷采用数字化、信息化的手段加强产品质量管理。其中,"一品一码"追溯系统是一种有效的解决方案。该系统通过物联网数据采集技术建立整个后期产品识别的便捷机制,利用现代化信息技术如 ASP. NET 开发平台和 B/S 模式结构体系,实现农产品质量检测、流通环节监控,并通过二维码实现农产品质量安全追溯功能。消费者可以通过扫描二维码了解产品的产地、生产日期、生产批次、检验报告等详细信息,从而增加对产品的信任度和满意度。

同时,政府也应加强对农产品质量安全追溯系统建设的支持和管理。通过制定相关政策和标准,规范企业的追溯行为和信息披露内容,提高消费者对农产品质量安全的信任度。此外,政府还应加大对农产品质量安全追溯技术的研发和推广力度,推动农产品加工行业的数字化转型和升级换代。

第七章
数字乡村经济新业态

第一节　农村电子商务推动经济增长

一、农村电商市场规模稳步增长

在过去的 20 多年，电子商务经历了持续的创新和发展，成为农业农村领域数字经济和实体经济的重要组成部分，是推动国民经济和社会发展的重要力量。随着"三农"工作进入发展的新阶段，全面推进乡村振兴成为我国"三农"工作的重点。党中央、国务院高度重视农村电商发展。随着电商支持政策的不断优化，农产品电商在疫情期间发挥了重大作用，是脱贫攻坚和乡村振兴的重要抓手。电子商务已深度融入我国农村的生产生活的各个领域，为我国农村经济社会数字化转型起到了引领作用。

近年来，农村电商呈快速发展态势。根据商务大数据对重点电商平台的监测，2023 年，全国农村网络零售额达 2.5 万亿元，同比增长 12.9%，较 2014 年增长近 13 倍；全国农产品网络零售额达 5870.3 亿元，同比增长 12.5%，约是 2014 年的 5 倍[1]。

从地理分布来看，东部、中部、西部和东北地区农村网络零售额分别占全国农村网络零售额的 78.7%、13.0%、6.5% 和 1.8%，同比增

---

[1] 推动农村电商高质量发展的实施意见出台——为农村电商发展再加把劲，中国政府网，2024 年 3 月 18 日，https：//www.gov.cn/zhengce/202403/content_ 6939868.htm? ddtab = true.

速分别为 10.8%、15.1%、9.4%和 12.5%[①]。浙江、江苏、福建、河北和山东五省在农村网络零售额方面排名前五，合计占全国农村网络零售额的 74.0%，零售额前十省份合计占 89.8%。从发展速度来看，海南、宁夏、江西、新疆和广东五省的同比增速靠前，增速在 20%以上。从品类划分来看，服装鞋帽针纺织品、日用品和家具位居零售额前三，分别占农村实物商品网络零售额的 29.41%、18.55%和 7.77%。增速前三位的品类分别是电子出版物及音像制品、中西药品、书报杂志，同比增速分别为 90.3%、62.6%和 42.7%。

二、农产品电商增势较好

商务大数据监测显示，2023 年，全国农产品网络零售额 5870.3 亿元，增长 12.5%。从品类划分来看，休闲食品、滋补食品和粮油的网络零售额位居前三，占比分别为 17.1%、13.3%和 13.3%。从地理分区看，东、西、中部和东北地区农产品网络零售额占全国农产品网络零售额比重分别为 63.9%、15.7%、14.9%和 5.5%，分别增长 11.8%、16.9%、13.1%和 6.8%[②]。

三、电商创业就业的带动效益增强

电子商务与农业的融合，经历了从最初的销售端网络化，到流通端、生产端的数字化、智能化的发展阶段。各大电商平台在农产品供应链领域加大投入力度，推动了农业供给侧结构性改革的进程和精准性，使产销紧密衔接。同时，农村电商体现出来的先导作用，又推动了数字乡村的发展和三产的融合，通过创造出来的大量新的乡村创业就业机会，进而推动乡村人才振兴和组织振兴。

农村电商的发展机遇，带来了大学生、企业家、退役军人等加速返

[①] 中国国际电子商务中心：《中国农村电子商务发展报告》，2022 年 9 月。
[②] 商务部：《2023 年中国网络零售市场发展报告》，全国电子商务公共服务网，2024 年 1 月 31 日，https：//dzswgf. mofcom. gov. cn/news/5/2024/1/1706682497854. html.

乡就业创业的热潮。55%的返乡入乡创业项目运用信息技术,通过开办网店、直播直销、无接触配送等,打造"网红产品"。到2021年底,全国有1632.5万家农村网商、网店;全国淘宝村、淘宝镇电商从业人员达360万人,交易额突破1.3万亿元,人均年销售收入超过36万元,电商创业就业带来了巨大的社会效益。拼多多发布的《2021新新农人成长报告》显示,至2021年10月,平台"新新农人"("95后"涉农商家)数量已超过12.6万人,在涉农商家中的占比超过13%,其数量在两年内增长了近10万人,呈爆发式增长态势,每位"新新农人"平均带动5~10位"95后"参与到电商创业中,并平均带动当地就业岗位超过50个,"95后"逐渐成长为农村电商创业带头人中的重要力量。

四、服务民生效果显著提升

作为提升人民生活品质的重要方式,电子商务在脱贫攻坚过程中发挥了重要作用。近年来,我国农村电商解决了贫困地区特色、优势农产品难以实现产业化、标准化的问题,呈现出逆势高速增长的态势,在农产品稳产保供、扩大消费需求、帮助农民脱贫增收方面起到了重要作用。"小而精、小而特、小而美"的农村电商不断涌现,促进了贫困地区"一村一品""一乡一业""一县一特"的发展。目前,电子商务已经实现全覆盖832个原国家级贫困县。

农村电子商务数字化基础设施建设和物流配送体系不断完善。农村物流网络改善明显,乡镇实现邮政营业网点全覆盖,建制村全部通邮。"快递进村"比例超过80%。全国冷链物流基础设施不断改进,截至2021年底,全国超过70%的农产品批发市场建有冷链物流设施。各地邮政管理部门指导邮政企业充分挖掘寄递网络价值,参与到农村电子商务发展中,助力加快发展乡村特色产业。自2017年启动"一市一品"工作以来,通过邮政渠道累计实现农产品交易额191.74亿元,产生农产品包裹业务 6.4 亿件，帮助 48.7 万户贫困人口增收 20.8 亿元。①

农村电商的发展给农村地区带来了更多的就业机会。电子商务成为创新创业、灵活就业、普惠就业新渠道，电子商务相关从业人数超过 6000 万，比 2015 年增加 2700 余万，年均增长 13%②。2021 年，全国淘宝村、淘宝镇电商从业人员达 360 万人，交易额突破 1.3 万亿元，人均年销售收入超过 36 万元，电商创业就业的带动效益增强。

第二节 农村电子商务模式创新

一、直播带货模式

新一代信息技术的广泛应用和疫情期间生鲜产品的刚性需求使直播电商模式爆发增长。直播电商进入门槛低、传播快、受众广，带给消费者更加直观、更具互动的消费体验，在农村地区快速普及。基于阿里巴巴、京东、拼多多等知名平台的助农直播间，直播成为农产品网络营销的新模式。抖音、快手等短视频平台也加入农产品电商大军，利用直播、短视频、流媒体等技术手段，有效地拓宽了农产品网络销售的渠道。农户、商家、县长、市长、明星等通过直播带货帮助偏远地区的优质农产品快速走向全国消费者。2022 年，电商平台累计直播场次超 1.2 亿场，累计观看超 1.1 万亿人次，直播商品超 9500 万个，活跃主播近 110 万人，即时零售渗透的行业和品类持续扩大。③ 农业农村部信息中心联合北京字节跳动科技有限公司在全国 110 个国家级贫困县开展了"110"网络扶贫创新活动，疫情期间辐射全国，助力各地农产品销售

---

① 农业农村部市场与信息化司，2020 年 11 月 28 日中国数字乡村发展报告（2020 年），http://www.moa.gov.cn/xw/zwdt/202011/P020201129305930462590.pdf.

② 商务部、中央网信办、发展改革委，2021 年 10 月，"十四五"电子商务发展规划。

③ 商务部，2023 年 1 月 30 日，商务部电子商务司负责人介绍 2022 年网络零售市场发展情况，http://www.gov.cn/xinwen/2023-01/30/content_5739154.htm.

达 4.5 亿元[①]。2019—2020 年，字节跳动平台 554 个国家级贫困县的 14587 个活跃商家销售商品 19.99 亿元[②]。商务部、财政部、农业农村部、国务院扶贫办等部门协调地方政府和大型电商企业建立公益性电商扶贫频道，通过产品网络销售，促进农民增收。截至 2020 年上半年，频道企业发展至 21 家，与超过 600 个国家级贫困县实现对接，销售各类农产品约 200 亿元。

二、社区团购模式

社区团购是社区内居民依托互联网、以社区为单位的线上线下购物消费行为，具有区域化、小众化、本地化、网络化的特点。基于社区团购的低价和低成本特性，社区生鲜电商发展迅速。阿里巴巴、腾讯、美团、拼多多、滴滴等互联网巨头纷纷加入社区团购赛道，推动社区团购加速进入下沉市场。农村地区的社区团购平台采取预售模式，通过微信私域获客，对农村小店进行数字化改造，使得农民采购商品的范围日益扩大、种类日益丰富，为农民生活带来更多的实惠好货和便利服务，切实缩小了城乡差距。

近年来，人们改变了消费习惯，社区团购迎来了爆发式增长。数据显示 2021 年我国社区团购增速 60%，达 1205.1 亿元，2021 年社区团购渠道用户规模达 6.5 亿人，同比 2020 年增长 37%。目前，全球经济下行，人民消费能力有所下降，我国社区团购仍有较大扩张空间。

自 2020 年 12 月 22 日市场监管总局出台"九不准"规定，政府开始严格监管社区团购，政策由监管趋向规范，其间明确提出"禁止平台负毛利"销售的监管措施。目前，社区团购补贴放缓，市场加速出清，行业竞争格局优化，行业趋于良性发展。

---

① 中国农村网，2023 年 2 月 2 日，农村电商——引领农业农村数字经济加快发展，http://journal.crnews.net/ncgztxcs/2020/dsyq/snlt/932484_20200618021657.html.
② 商务部电子商务和信息化司，2021 年 5 月，中国电子商务报告 2020。

三、基地直采模式

随着农村电商深入发展，电子商务向上延伸至农业生产端，涌现出产地直供、订单农业、云养殖等新模式，推动了信息技术在农业生产经营管理中的渗透与广泛应用。电商直采数字农业基地发展迅速，加速了电商渠道下沉。电商企业如盒马、京东、拼多多等，在多地建设农业直采基地，对农产品品种研发、生产过程优化，以及农产品标准制定进行数字化升级，优化农业产业链资源配置，推进产业链各环节的协同创新。阿里巴巴通过开展"基地直采"模式，直连10000个农产品直采基地，在上海、广东引进农业生产高科技设备，打造"盒马村"智慧数字农场。京东成立数智农业生态部，在县域农业农村落地平台，通过培养新农人、创建农业现代化产业园、数字化改造农批市场、智能化改造仓储配送、大数据精准营销等手段，全面升级农业产业链供应链。拼多多通过"拼模式""多多农园"等，使农户可以直接参与电商快速通道，实现收入增长。

第三节 特色农业产业催生农村经济新业态

一、数字化促进传统农业向现代农业转型

农业数字化过程中，农业生产要素变成了信息，通过现代信息技术实现对农业对象、环境和全过程的表达可视化、设计数字化和管理信息化。数字技术融入农业生产的各个环节，通过数字技术改造，数据要素与农业全过程、全产业链深入融合，全面升级传统农业，实现劳动替代、精准投入、环境监测、智能决策等，从而提高农业生产效率，实现农业精准化生产，降低农业生产风险和成本，使农业生产过程更加节能和环保，驱动传统农业转型为现代农业、智慧农业。

二、数字化助力农业产业结构优化升级

积极推进农业生产、储藏运输、流通交易等农业全产业链数字化。统筹各方资源，协同政府、企业、科研院所、社会组织、农户等各主体优势，建设农产品智能加工制造企业，培育和引进大数据、数字技术服务企业，引进云仓储、智慧物流等物流配套企业，完善投融资渠道，推动农业产业结构升级。发挥农业龙头企业作用，引导社会资本进入农业数字化项目，以数字技术为连接，建立起龙头企业、新型农业经营主体、小农户等多方参与的利益结合体，促进中小企业转型和农民增收。

三、创新农村经济业态形式

结合广大农村地区的气候、地理、社会、文化等各具特色的条件，开发农村本区域内独特的农业资源，生产区域内特有的名优产品，建立本地特色的品牌，探索、创新农村经济业态形式。

"创意农业"将文化创意产业融入传统农业，挖掘传统农业中的文创要素将文化、科技融入传统农业，升级传统农业功能，提升、丰富传统农业的文化价值。"认养农业"的认养方是城市居民，也是消费者，预付生产费用，农业生产者为消费者提供绿色、有机农产品，也可以探索与旅游、采摘、养老等产业再融合，整合特色农产品、旅游景点、农村住所等，由城市居民"认养"，农村生产者和消费者风险共担、收益共享。"共享农业"通过共享的方式发展农业、农村。目前，共享农业已经向共享土地、共享农机、共享农庄等具体的方向发展。共享经济模式，可以充分利用农村资源，促进农村闲置人口再就业、闲置土地流转，使各种资源能再次得到利用。

第四节 乡村智慧旅游助力乡村振兴

一、智慧旅游推进美丽乡村建设

发展、完善智慧旅游，持续推进美丽乡村建设和农民增收。通过网络传播农村非物质文化遗产资源、地方特产特色，利用数字化手段推进乡村文旅产业的智慧化发展，发展和升级休闲观光农业园、民宿、康养基地、乡村旅游精品景点等，促进乡村特色文化产业发展。同时发展农村平台经济，吸引在线旅游、电子商务、位置信息服务、社交媒体、智慧金融等平台企业将相关产品和服务下沉到乡村。

二、结合本地特色发展智慧旅游

结合各地特色及资源条件等，利用互联网、数字化资源，发展休闲农业、乡村旅游、观光农业等新业态发展，大胆尝试共享农场、云农场等网络经营新模式，促进游憩休闲、健康养生、创意民宿等新产业发展，利用短视频等平台助力打造乡村旅游知名度。

2021年，农业农村部通过人民网直播、"中国休闲农业"微信公众号发布等方式推介乡村休闲旅游精品线路160条，开设《巩固脱贫成果休闲游》专栏，陆续发布17期聚焦脱贫摘帽地区乡村休闲旅游专题，覆盖广西、云南、新疆等8省17个脱贫摘帽县。文化和旅游部会同国家发展改革委推进全国乡村旅游重点村镇名录建设工作，加强乡村旅游智慧化政策引导，推出第一批100个全国乡村旅游重点镇（乡）和第三批199个全国乡村旅游重点村。工业和信息化部鼓励农村地区大力发展农旅融合、文旅融合。实现田园变公园、产品变商品，探索农文旅融合助农增收的发展之路。浙江省青田县龙现村积极探索"电商+休闲农业+乡村旅游"等模式，通过"云赏花""云赏稻""云赏丰收节"等线上云游形式，2020年至2021年累计观看达13万余人次。

三、智慧旅游适老化发展

老年群体是旅游消费者的重要组成部分，同时旅游对调节老年群体消费者的身心健康有重要作用，智慧旅游建设过程中需要充分考虑老年群体的需求和特点。

2020年，国务院办公厅印发的《关于切实解决老年人运用智能技术困难实施方案的通知》指出，要引导文体和旅游类企业更多关注智能产品和服务的适老化，探索通过虚拟现实、增强现实等手段，帮助老年人便捷操作，享受在线游览、观赛观展等；推进互联网应用适老化改造，优化交互界面，通过内容朗读、操作提示、语音辅助等功能，实现无障碍改造，推出相关应用的"关怀模式""长辈模式"。

2021年，文化和旅游部资源开发司提出提高智慧旅游适老化程度，推出14个示范案例。2022年，再次发布了覆盖省、地市、区县、景区等不同类型区划的10个智慧旅游适老化示范案例，主要关注线上平台和功能的适老化改造、线下景区设施与服务模式的适老化升级，将智能化适老化贯穿景区预约购票、入园游览等从点到线到面的全流程的多个环节。

第八章

乡村数字文化

第一节 乡村数字文化的要点

乡村数字文化是指在现代信息技术，尤其是数字技术的支持下，乡村地区的文化现象和文化活动发生的变革。它涉及利用数字技术对乡村文化进行记录、保存、传播、创新和发展。乡村数字文化的建设不仅能够保护和传承乡村文化遗产，还能够推动乡村文化产业的发展，提升乡村地区的整体竞争力，是乡村振兴战略中的重要组成部分。乡村数字文化是指在数字技术支持下的乡村文化现象和活动，它主要包括以下五个方面内容。

一、数字化的文化遗产保护

乡村数字化文化遗产保护是当前乡村振兴和文化传承的重要方向。在乡村数字化文化遗产保护中，运用先进的信息技术手段，如无人机航测、三维激光扫描、虚拟现实（VR）、增强现实（AR）、人工智能（AI）等，对乡村历史文化遗产进行数字化采集、记录和展示，这样不仅能更好地保护和传承文化遗产，还能推动乡村文化资源的挖掘和利用，为乡村振兴战略的实施提供文化支撑。利用数字化技术对乡村的历史建筑、传统手工艺、民俗活动等进行记录和保存，使之得以在数字环境下长久传承。

以广西柳州市三江侗族自治县程阳八寨景区为例，一支以"95后"

"00后"大学生为主的创新创业团队在此进行了田野调查和文化遗产保护，他们使用无人机航测、三维激光扫描等进行调查，同时利用数字化技术制作了村寨模型和非遗信息。此外，他们还计划将文化遗产保护理念和技术带到海外，服务东南亚地区文化遗产保护。

数字化技术在乡村文化遗产保护中的应用还可以体现在以下几个方面。

1. 文化遗产的数字化记录与展示。通过高精度的三维扫描和摄影技术，对乡村中的古建筑、艺术品、手工艺品等进行数字化记录，并利用数字化手段进行展示，让更多人了解和欣赏乡村文化遗产。

2. 数字化档案建立与管理。对乡村文化遗产进行全面的数字化采集，建立数字化的档案和管理系统，便于对文化遗产进行科学管理和长期保存。

3. 文化遗产的教育与传承。利用数字化技术，开发文化遗产教育课程和数字化教学资源，加强对乡村青少年关于本土文化的教育和传承。

4. 文化遗产的旅游开发。结合乡村旅游，利用数字化手段如VR、AR等，打造文化遗产旅游的新体验，提升乡村旅游的吸引力和竞争力。

5. 文化遗产的创意开发。通过数字化技术，对乡村文化遗产进行创意开发，如设计文创产品、开发数字化游戏等，为乡村经济注入新的活力。

数字化技术在乡村文化遗产保护中的应用，不仅有助于保护和传承乡村的文化遗产，还能推动乡村经济、文化和社会的全面发展，实现乡村振兴战略的目标。

二、网络化的文化传播

乡村网络化的文化传播是新时代农村文化建设的重要途径，它通过互联网和信息通信技术，拓宽了乡村文化传承的渠道，增强了乡村文化的活力和影响力。通过互联网、社交媒体等平台，使乡村文化能够触及更广泛的受众，提升乡村文化的知名度和影响力。以下是乡村网络化文化传播的几个关键方面。

1. 信息传播渠道的拓宽。互联网和移动通信技术的普及，让乡村居民能够通过微信、微博、抖音等社交媒体平台，快速获取和分享文化信息，打破了地域界限，让乡村文化能够跨越时空限制，被更多人所了解。

2. 数字文化内容的创作与传播。乡村居民可以利用数字技术创作诗歌、故事、歌曲、短视频等文化内容，通过网络平台进行传播，展示乡村特色和文化魅力，吸引外部关注和投资。

3. 网络教育与培训：通过在线教育平台，提供乡村文化、历史、手工艺等课程，不仅可以提升乡村居民的文化素养，还可以吸引城市居民和学习者了解和学习乡村文化。

4. 文化旅游与体验。网络平台可以用来宣传乡村旅游资源，通过虚拟现实（VR）或增强现实（AR）技术，让潜在游客在线上预览乡村风光和文化活动，吸引他们实地体验乡村文化。

5. 文化产品的电子商务。乡村文化产品可以通过电子商务平台进行销售，拓宽销售渠道，增加村民收入，促进乡村文化产业的可持续发展。

6. 网络社区和文化交流。建立网络社区，鼓励乡村居民和外部人士就乡村文化进行交流和讨论，促进不同文化之间的理解和尊重。

7. 政策宣传和法律服务。利用网络平台进行政策宣传和法律服务，提高乡村居民的法治意识和社会治理参与度，增强乡村社区的凝聚力和向心力。

三、智能化的文化教育

乡村智能化的文化教育是指利用现代信息技术，特别是人工智能、互联网、大数据等技术手段，对乡村教育进行升级改造，提高教育质量，促进教育公平，培养乡村学生的综合素质和创新能力。运用数字技术，如在线课程、虚拟现实（VR）、增强现实（AR）等，为乡村居民提供多样化的文化教育资源和互动体验。

通过建设在线教育平台，汇集优质教育资源，实现城乡优质教育资源共享，有效缩小城乡教育差距。在乡村学校配备智能教学设备，如智能黑板、平板电脑、学习管理系统等，提高教学互动性和个性化教学水平。利用人工智能技术，为学生提供个性化的学习路径和资源推荐，帮助学生根据自己的兴趣和能力进行学习。通过视频会议、在线直播等手段，实现城乡教师之间的远程互动教学，让乡村学生能够享受到城市教师的优质教学。建立虚拟实验室，让学生能够在线进行科学实验和远程实践，增强学生的实践操作能力。

同时，运用大数据和人工智能技术，对教育过程进行信息化管理，提高教育决策的科学性和有效性。培训乡村教师的数字素养，提高他们的信息技术应用能力，同时将信息技术教育纳入乡村学生的课程体系，培养学生的信息时代技能。结合乡村特色文化，开展文化传承与创新教育，通过数字化手段，让乡村学生更好地了解和学习本地传统文化。

四、创新性的文化产业发展

创新性的文化产业正在成为驱动我国经济发展的重要引擎。《光明日报》报道，近年来我国文化产业规模稳步增长，并实现了高质量的发展。其重要的推动力来自科技的进步，如虚拟现实、人工智能和多媒体等在文化产业中得到广泛应用，为文化消费场景增添了多元化的元素，激发了市场活力。结合数字技术，发展乡村特色的文化创意产业，如数字艺术、网络文学、动漫游戏等，以创新方式展现乡村文化魅力。乡村创新性的文化产业发展是指在乡村地区推动文化产业的创新和发展，通过创意和创新手段，提升乡村文化产业的影响力和竞争力。

挖掘和传承乡村传统文化。乡村地区拥有丰富的传统文化和手工艺，可以通过创新手段，如结合现代设计和市场运营，使传统文化焕发新的生命力。乡村居民利用本地资源，创作文化创意产品，如手工艺品、艺术品等，通过数字技术、互联网平台等手段，拓宽文化产品的传播渠道，提高文化产业的效益。

文化产业与农业、旅游业等其他乡村主导产业相结合，形成产业链，提升乡村经济的整体竞争力。利用乡村的自然风光和文化资源，发展乡村旅游，提供独特的文化体验，吸引游客。通过数字化转型，推动农业、文化和旅游的深度融合，开发乡村旅游新产品，提升乡村旅游体验。

乡村创新性的文化产业发展不仅能够保护和传承乡村文化，还能够促进乡村经济的转型升级，提升乡村居民的生活质量，为实现全面建成社会主义现代化强国、实现中华民族伟大复兴的中国梦奠定坚实基础。

五、数字化的文化服务与治理

数字化文化服务是指利用数字技术提供的文化产品和服务，这些服务通过互联网、移动网络、智能设备等数字平台进行传播和消费。利用大数据、云计算等技术，提升乡村文化服务效能，实现文化活动的数字化管理和决策支持。

利用数字工具和平台，如文字处理软件、图像编辑工具、音频和视频录制设备等，创作文化内容，并通过网络平台发布，如博客、社交媒体、视频分享网站等。图书馆和档案馆通过数字化手段，将纸质书籍、手稿、图片、音频和视频资料等转化为数字资源，通过在线平台向公众提供查询和借阅服务。通过数字平台提供农业技术知识、健康资讯、教育资源等，缩小城乡数字鸿沟，提高乡村居民的生活品质。

数字化文化服务的发展，极大地拓展了文化产品的传播范围，提高了文化服务的效率和质量，同时也为用户提供了更为便捷和个性化的文化消费体验。然而，数字化文化服务也面临着版权保护、内容质量、网络安全等方面的挑战，需要相关部门和社会各界共同努力，以确保健康、有序地发展。

第二节 乡村数字文化发展现状

一、基础建设支撑持续加强

随着国家对乡村振兴战略的重视，数字乡村建设成为重要内容。政府出台了一系列政策，如《数字乡村发展战略纲要》等，以推动乡村数字文化的发展。互联网、宽带网络、5G通信等基础设施在乡村地区的覆盖率不断提高，为数字文化服务提供了基础条件。各地认真贯彻落实习近平总书记关于媒体融合发展的重要论述，大力推进县级融媒体中心建设，截至2022年8月，全国已建成运行2585个县级融媒体中心，共开办广播频道1443套、电视频道1682套。各区县融媒体中心在建设过程中，充分发挥了本土化优势，优化内容生产与聚合能力，形成了移动优先的跨渠道传播矩阵，打造基层主流舆论阵地。在内容传播方面，各区县融媒体中心依托贴近性优势，深耕本土内容传播，生产了大批来源本土、立足本土、服务本土的好作品。在技术创新方面，各区县融媒体中心也积极应用AI、VR、AR、4K、8K等新技术，开发了各种数字平台。各区县融媒体中心还深入探索"新闻＋政务服务"的新型网络问政模式，为搭建政府与群众沟通桥梁提供了新的路径。同时，区县融媒体中心以媒体智能化中台为依托，为城市社区和村镇居民提供了丰富多样的生活信息和畅通高效的交互空间，让社会信息流通更加便捷。建强用好区县融媒体，推进全媒体传播体系建设，是推动宣传思想文化工作各项任务落地见效的必然要求。

二、数字文化产品丰富

乡村地区的传统文化、手工艺品等被数字化，通过网络平台进行展示和销售，增加了乡村文化的可见度和影响力。网络教育平台和远程教学系统使乡村居民能够享受到更加便捷和高质量的教育资源，提升了乡村教育水平。虚拟现实（VR）、增强现实（AR）等技术应用于乡村艺术展览和娱乐活动，为乡村居民提供了全新的文化体验。"互联网+"群众文化活动蓬勃兴起，2022年元旦、春节期间，国家公共文化云平台推出线上"村晚"专题，直播各地精选"村晚"127场，线上参与人次达1.48亿。"乡村网红"培育计划启动实施，采用微综艺形式发掘、培育了一批优秀乡村新型文化人才，推介了乡村文化和旅游资源，打造了"村里有个宝""乡约"等品牌。乡村居民通过社交媒体平台和网络社区进行文化交流和分享，形成了虚拟的文化聚集地。

三、数字文化管理服务不断提高

乡村数字文化管理服务是指利用数字技术手段，对乡村文化资源进行有效管理和服务的过程，包括对乡村文化资源的数字化采集、存储、整理、展示、传播和服务等各个环节。通过数字化技术，将乡村的文化遗产、历史文献、手工艺品等资源进行采集和数字化存储，使其能够更好地保存和传承。2021年和2022年重点支持了364个中国传统村落的非遗资源保护数字化工作。截至2022年6月，中国传统村落数字博物馆已收集整理6819个传统村落基本信息，建设完成658个村落单馆，形成了涵盖全景漫游、图文、影音、实景模型等多种数据类型的传统村落数据库；中国历史文化名镇名村数字博物馆二期建设已完成辽宁、贵州、安徽、湖南4个省份的基础信息收集。在数字文化管理服务中，确保文化资源的安全和知识产权的保护，防止数字文化资源被滥用或侵权。

第三节　乡村数字文化建设主要任务

一、政策支持和规划引导

乡村数字文化的实施是一个系统工程，政府部门需要出台相关政策，明确乡村数字文化的发展方向和目标，制订详细的实施计划和时间表，为乡村数字文化建设提供政策保障。制定相应的政策和法规，为乡村数字文化建设提供指导和支持，包括资金投入、技术支持、市场开发等。提升乡村的互联网基础设施建设，包括宽带网络、移动通信、卫星通信等，确保乡村地区能够接入高速稳定的网络环境。利用社交媒体、在线平台、移动应用等网络工具，推广乡村文化，增加其曝光度和影响力。运用 VR、AR、在线教育平台等技术，为乡村居民提供沉浸式的文化学习和体验。

二、乡村文化资源数字化

将乡村的文化遗产、艺术品、手工艺品等通过高清摄影、3D 扫描等技术转化为数字资源，建立数字化的文化数据库，对乡村中的古建筑、文物、古籍等进行数字化记录，使其得到更好的保护和传承。通过数字技术，对乡村的非物质文化遗产进行记录、整理和传播，如对传统音乐、舞蹈、戏剧等进行录音、录像，并将其上传到网络平台上，供更多人欣赏和学习。开发乡村旅游数字导览、虚拟旅游等项目，提供新颖的旅游体验。结合乡村特色，利用数字技术开发文化创意产品，提升产品的市场竞争力。对乡村的民俗活动、传统手工艺、节庆活动等进行数字化记录和传播，让更多的人了解和参与到乡村的民俗文化中。利用数字技术，建设乡村数字博物馆，展示乡村的历史、文化、民俗等特色，让乡村的文化资源得到更好的利用和传播。通过建设乡村文化服务平台，提供乡村文化的数字化服务，如在线阅读、在线展览、在线教学等，让乡村文化资源更加便捷地被人们获取和利用。

三、乡村网络文化引导

建立数字化的乡村社区平台，促进乡村居民之间的交流和互助。通过开设数字技能培训班，提高乡村居民的数字技术应用能力，提升乡村居民的数字化素养。通过数字媒体和网络平台，普及乡村文化知识，提升乡村居民的文化自信和认同感。通过数字化手段，如智能监控、在线政务服务等,提高乡村治理的透明度和效率。建立政府、企业、社会资本等多渠道的投资体系,鼓励社会各界参与乡村数字文化建设。同时,建立激励机制,表彰在乡村数字文化建设中作出突出贡献的个人和单位。

第九章
乡村治理数字化

建设数字中国的重要内容不可缺少数字乡村，数字乡村同样也是乡村振兴的战略方向，不仅为乡村产业赋能，还提升了乡村治理能力。习近平总书记在党的二十大报告中提出要"加快发展数字经济，促进数字经济和实体经济深度融合"。这是以习近平同志为核心的党中央对发展数字经济作出的重大战略部署，也为新时代全面推进乡村振兴，加快数字乡村建设，以数字技术助力建设宜居宜业和美丽乡村指明了前进方向。

数字乡村建设必然带来治理方式的变革，乡村治理体系融入数字化，这有利于乡村治理从经验主导转为精准操作，参与主体从少数人变为多数人，促使乡村治理达到自治、法治和德治的"三治合一"，从而让乡村治理效率得以提高。这一变革过程中，对基层干部提出了新的要求，即要有数据思维，提升个人数字素养和能力，打破基层处理数据时出现的数据时差、信息孤岛等樊篱，提升乡村数字治理效能。

第一节　数字党建，乡村治理持续深化

在数字乡村建设的过程中，基层党建工作在思想层面上的重要程度不言而喻。习近平总书记指出，"利用互联网特点和优势，推进理念、内容、手段、体制机制等全方位创新""以数字化转型整体驱动生产方式、生活方式和治理方式变革"，等等。为农村党建数字化转型指明方向的这些重要论述，促使我们积极探索农村数字党建，在数字乡村建设

中充分发挥引领作用。

在基层党建工作的指导下,乡村工作领导干部要切实掌握"三农"工作崭新的历史方位,把握数字乡村建设工作的新要求和新思路,做到切实为乡村人民谋福利,全面贯彻落实乡村振兴战略。

一、基层党组织嵌入乡村社会治理的基础

(一)马克思主义中国化奠定了坚实的组织基础

中国共产党在探索符合中国国情的发展道路时,始终坚持以市场经济为依托,注重将现代政党制度与乡村社会实际相结合。特别是在基层组织建设方面,通过建立乡村党支部这一创新性举措,有效实现了党组织与乡村社会生活的深度融合。这一制度优势不仅促进了农民群体向理性革命力量与建设主体的转化,更通过数字党建等现代化手段,进一步夯实了基层组织的根基。相较于其他政党,中国共产党在乡村治理中的这一独特实践,充分体现了其对中国社会发展的深刻理解与创新精神。

(二)基层党组织为党的路线方针政策提供了"下乡"的文化和认知基础

中国共产党自建党伊始便将乡村工作置于重要战略地位,致力于从农民群体中培养党的骨干力量。1923年8月,党的首个农村党支部建立,这一历史性事件标志着党在乡村的组织建设迈出了关键一步。随着时间推移,中国共产党在乡村社会中的影响力日益增强,逐步形成了广泛的思想文化认同。这种深层次的认同使党组织在乡村社会中获得了坚实的群众基础,成为乡村治理中不可或缺的核心力量。而借助现代信息技术手段,数字党建对巩固党的执政地位、提高党的执政能力、建设数字强国、推动党建引领基层治理,全方位推动高质量发展等提供新的审视、实践和创新机遇。

(三)基层党组织为嵌入乡村社会生活提供了场景基础

在党组织的发展和乡村社会的基层治理中,党组织之所以具备强大的动员力量,是因为党组织成员和乡村社会成员在社会生活方面高度共

享,党组织成员本身就是乡村社会的一员,基层党组织成员也不例外。他们拥有乡村的社会资本,能够在治理中调用乡村社会资源。而且,党员身份象征着政治精英,吸引着乡村中有能力的成员,本身就具备较强的动员能力。这就使得乡村基层党员在乡村社会中形成了天然的结构优势。党的思想和路线经由农民的广泛参与而得到具体展现,在落实党的路线过程中,乡村社会的生活风貌得以重塑,党组织和乡村社会也实现了高度融合。在当今社会矛盾日趋复杂的背景下,党组织必须创新治理模式,实现属地管理与高层次社会身份管理的有机统一。通过推进数字党建建设,构建党组织与具体场景深度融合的治理体系,方能充分发挥出治理行为对各类治理要素的整合效能。

二、数字乡村建设背景下党建工作的核心任务解析

在推进数字乡村建设进程中,党组织需要着力构建数字化工作体系,通过实施网络化、信息化与数字化深度融合的发展战略,全面提升基层党员干部的数字素养与技术能力,从而有效引领乡村数字化转型进程。这一目标的实现,主要聚焦于以下五大重点领域的数字化建设任务。

(一)培养数字化战略思维

基层党建工作需要实现思维模式的转型升级。党组织应当立足数字文明发展前沿,以推进数字乡村建设为使命,坚持"党建嵌入发展、发展促进创新"的工作方针。通过构建平台化思维、数据驱动意识、用户体验导向和赋能机制,实现顶层设计与基层实践的有机统一。具体而言,需要统筹处理中央部署与地方特色、政治引领与民生服务、线上平台与线下阵地、内容规范与方法创新、整体规划与分步实施等多重关系,推动党建工作在数字时代实现质的跃升。

(二)建设基于数字化技术的云平台

推进乡村数字党建云平台建设具有重要意义。该平台应具备虚拟私有云的特性,能够有效整合上级党组织的管理指导功能,以及下级党组织的办公功能。借助这一平台,可将线下的党员管理与党建工作转移到

线上开展，从而显著提升工作的便捷性与实效性。上级党组织可以通过该平台发布信息，及时了解下级党组织的工作动态；下级党组织则可以在此平台上高效开展各项党建工作。

（三）探索党员教育数字化路径

为提升党员教育的质量，应致力于增强其主体性、体验性和互动性。例如：一方面，以"共享党课"为切入点，组织党员自行录制党课微视频或音频，并上传至党建云平台，供全体党员分享学习。在此过程中，讲课人和分享人将自动获得平台积分，激励党员积极参与。另一方面，积极运用前沿技术，如 VR（虚拟现实）和 AI（人工智能），打造党员体验区。借助虚拟和增强现实技术，生动呈现红色题材内容，为党员营造沉浸式的教育场景，提升学习体验。此外，利用数字技术制作扫码党课，党员可随时随地通过手机扫码观看或收听，打破时间和空间的限制，让学习更加灵活便捷。

（四）推进组织管理的数字化转型

借助党建云平台，构建云上党员管理体系，有效破解流动党员管理难题。在此基础上，实施了以下管理措施：一方面，积分管理，即党员的学习进度、交纳党费情况及参与活动的频次等，均由云平台自动记录并生成积分，同时进行排名，激励党员积极参与各项活动。另一方面，指数管理，将党组织和党员的综合表现量化为分值，通过定期加权评定，形成综合指数，以此全面评估党组织和党员的工作表现。此外，开展先锋码管理，党建云平台根据党员任务完成情况赋予不同颜色的"先锋码"。按时完成任务的党员显示绿码，而未按时完成的党员显示红码，状态一目了然，便于监督和管理。通过这些措施，党建云平台实现了党员管理的智能化、精准化和可视化，有效提升了组织管理效率。

（五）构建数字化党建活动新模式

秉持数字化与场景化理念，将传统党员活动室和党建展厅升级为数字党建体验馆。馆内精心设置党建云平台、党建大数据屏、党史滑轨屏、VR 体验区、扫码党课、融媒体学习吧等多元板块，巧妙融合声、光、影、屏、媒等元素，打破静态展示模式，实现从单向传播到双向互动的转变，让参观者仿佛置身生动的党建场景中，从而显著提升党建活动的参与感和时效性。

三、数字党建引领，创新数字乡村建设模式

我国乡村数量众多，分布广泛且情况复杂多样，在推进数字乡村建设的过程中，既要注重顶层设计与整体推进，又要突出重点、以点带面、分步实施，尤其要找准切入点和突破口，积极探索数字乡村综合体的建设路径。数字乡村综合体应以乡村振兴战略为指引，以网络化、信息化和数字化为核心方向，以提升农民对现代信息技术的内生应用能力为基础，以现代农业或特色产业为发展主导，打造集生态宜居、乡土文化传承、社区综合服务，以及旅游观光等功能于一体的空间单元。通过持续的复制与推广，将这些综合体有机连接，从而整体提升数字乡村建设的水平。

随着新的发展单元不断涌现，党建工作需要与时俱进，积极探索构建数字乡村党建综合体。具体而言，数字乡村党建综合体的建设应以数字乡村综合体为基础，以数字党建的引领作用为导向，借助数字技术的力量，推动党建工作的平台化、数据化、移动化与智能化发展。

（一）塑造数字乡村党建综合体的特色品牌

品牌作为独特综合形象的体现，是区别同类事物的关键标识。它不仅是属性、品质、档次、文化和个性的集合与承载，更是重要的传播载体。数字乡村党建综合体应当增强品牌意识，精心设计具有鲜明特色的品牌标识，并借助 VI（视觉识别系统）将其具象化，让品牌形象清晰可见、易于记忆且便于传播。

（二）推进数字党建综合体云平台建设

借助党建云平台，将党建工作的各项要素紧密连接，构建一个覆盖上下级党组织、党组织与党员，以及党员与党员之间的广泛链接、实时

在线的组织体系。这一创新举措有效解决了线下难以解决的问题，推动数字党建与乡村数字治理深度融合、相互适应，进而充分发挥其引领作用。

（三）打造可复制的数字乡村党建综合体范例

依据之前提及的农村数字党建的工作理念、平台建设、党员教育、党内管理及党建呈现等方面的数字化要求，打造出数字乡村党建综合体的示范样本。在实际工作中，持续推广这一模式，以降低探索成本，提升工作效率。

（四）营造数字乡村党建综合体的场景生态

整合乡村文化、社区服务与旅游观光资源，秉持数字化与场景化思维，打造集办公、党员教育与活动、党建展示、便民服务等功能于一体的党建综合体场景。通过线上线下融合的方式，为党组织、党员和村民赋能，实现党建综合体功能的全方位提升。

第二节　数字政务，构筑服务体系

根据2022年发布的《数字乡村发展战略纲要》《"十四五"国家信息化规划》的目标要求，到2023年，数字乡村发展取得阶段性进展。2022年3月国务院印发的《关于加快推进政务服务标准化规范化便利化的指导意见》提出："2025年底前，政务服务标准化、规范化、便利化水平大幅提升……政务服务线上线下深度融合、协调发展，方便快捷、公平普惠、优质高效的政务服务体系全面建成。"数字政务服务进一步向基层延伸，乡村公共服务水平持续提高。国家将持续优化全国一体化政务服务平台，提升涉农事务的全程网办率，确保实现"网上办、掌上办、一次办"的便捷服务目标。同时，推动社会综合治理精细化，逐步完善"互联网＋网格治理"的服务管理模式，构建基层治理"一张网"，从而进一步提高乡村治理的效能。

显然，数字政务服务将促使政府公共服务供给方式发生巨大变化，与此同时，也产生了数字社会中的新型乡村弱势群体。若未能妥善把握好技术逻辑与价值逻辑，便可能引发一系列政务服务问题，如部分乡村群体存在不愿、不能、不会使用在线政务服务的情况，这将导致数字鸿沟的出现，进而削弱数字政务服务的整体效能，需要在乡村工作的领导干部特别关注。

一、什么是数字政务和数字政府

乡镇国家机关在政务活动中，借助现代信息技术、网络技术及办公自动化技术，创新管理模式，形成数字政务体系。通过服务整合、业务协同和数据集成，构建线上线下协同运行的服务平台，为公众提供一站式政务服务，提升服务效率与质量。常说的"最多跑一次""一网通办""一枚印章管审批""不见面审批"等都是数字政务服务的实践探索和创新方式，归根结底是聚焦以人民为中心、优化营商环境、提升政府办事效率的公共服务改革。

数字政府则是国家治理现代化进程中，乡镇政府借助数字技术履行职能所呈现的一种运行模式，其实质是实现政府治理的数字化转型。通常运用现代信息技术和手段，进行政务的推进、落实、查询等功能的实施，方便公众利用数字化信息了解乡镇政府机构相关政策的实施情况。

总的来说，数字政务是基于数字技术为乡村提供更高效便捷的政务服务，而数字政府是运用智能化和数字化手段，实现政府效率和管理效能的提升。

二、乡村数字政务服务体系的构建基础

（一）提升数字乡村各相关部门之间的协同效能

建设数据共享、政务服务、协同办公等多功能平台，实现网络联通、系统融合、业务协同、数据互通和服务优化。打破层级、地域、系统、部门和业务的限制，推动协同管理和服务，形成网络化、信息化、服务一体化的数字乡村建设新格局。

（二）推动数字乡村公共数据资源的开放共享有序化

拓展公共数据开放范围，提高开放效率，凸显重大共性数据应用的引领作用。打造信息化应用服务基础设施体系，联合大数据中心，发展分布式、专业化数据治理、技术开发及第三方公共服务，助力数字乡村经济社会发展。

（三）释放潜能推动数字乡村公共服务升级

持续释放数字乡村服务潜能，推进数字公平和服务公平。重点提升教育、医疗、文化、养老及环境治理等领域的数字化水平，加快弥合城乡数字鸿沟。通过公益性技能培训，增强脱贫地区数字应用能力，特别是老年人对智能化服务的适应能力，让数字公共服务更具温度和效力。

（四）优化市场监管完善数据安全使用的制度保障

健全数据资源管理体制和运行机制，细化数据标准、产权保护、数据交易、隐私保护等法规政策。通过构建网络安全应急预警体系，强化系统日常管理和运行监测，提升数据产品服务的自主可控水平和网络安全防护能力。加大等级保护制度的实施力度，完善数据要素市场的监管，强化政策引导与法律规范，建立数据合法采集、合规交易、开发应用的行为规则。

（五）完善数据安全管理机制

身处信息时代，数据安全已成为影响国家安全、社会稳定，以及基层群众切身利益的关键因素。乡村政府作为大数据治理的主要执行者，必须高度重视治理流程的监督，推动其朝着积极的方向发展。

三、乡村数字政务服务体系的主要任务

（一）体制机制任务

将数字政务服务与乡镇（街道）机构改革相结合，规范便民服务中心的组织管理体制，完善市乡村三级协同联动的运行机制。例如，在乡镇（街道）设立"综合便民服务中心"，在村（社区）设立"便民服务点"。将与群众密切相关的政务服务事项纳入大厅，集中受理、审

批、审核、代办、转办相关事项，为群众企业提供"一站式"政务服务。

（二）事项下沉任务

政府相关行政审批服务管理机构应指导乡镇（街道）全面梳理本级行政职权事项，依法编制权责清单。县级相关部门则应逐步下放委托事项，推动相关事务延伸下沉至乡镇综合便民服务中心，集中办理行政审批、政务服务、便民服务及证明等事项，力求实现企业和群众现场办事"只盖一枚章"。

（三）规范延伸任务

依法编制、审核、发布县级权责清单体系、乡镇权责清单和村级组织履职目录，以标准化带动规范化，以规范化推动便利化。全面梳理县级政府部门政务服务事项中的证明材料，进行确认、审查，清理法律依据不足或界定模糊的证明材料。通过数据共享、部门核验、告知承诺、现场核查等措施，努力实现无证明审批和无证明大厅的建设目标。同时，对乡镇本级职权清单事项及承接延伸事项的办理条件、标准、流程、时限、操作规程、服务规范等要素进行全面标准化梳理，确保同一事项的名称编码、流程环节、申报材料、办事指南统一，让基层窗口人员清楚知晓"怎么办"。

（四）系统数字化任务

借助省级一体化在线政务服务平台，推动电子政务外网向乡村延伸，将县级各部门的业务办理系统接入乡镇（街道）综合便民服务中心，实现政务服务"一网办"。同时，通过互联网、自助终端、移动终端，将政务服务入口向基层延伸，实现"智能办"。此外，持续优化政务服务微信公众号平台，开发手机App，拓展移动端办事功能，实现"掌上办"。通过"一网办""智能办"，推动线上线下融合，变"群众跑腿"为"数据跑路"，使高频事项能够"就近办"。

（五）服务延伸任务

全面构建帮办代办服务网络，完善升级帮办代办服务机制，打造一支专业的帮办代办服务队伍。在乡镇（街道）综合便民服务中心设立帮办代办服务站，在村（社区）便民服务点安排专人坐班，充分发挥帮办网格员作用，开展"零距离"咨询、帮办、代办服务，推动一般服务项目由乡村代办、投资项目由专人全程包办、公共服务项目在市、乡、村三级网点均可办理。同时，在市乡村两级便民大厅实现快递点进驻，同步指导村级设置快递收发点，开展"政务快递送达"服务，千方百计为群众和企业提供有温度、快速度、好态度的服务。

（六）对口指导任务

针对基层工作人员专业基础薄弱、业务不熟悉、流程不规范等问题，做到"扶上马、送一程"，确保"能办"，并要"办好"。对乡镇（街道）综合便民服务中心负责人和具体业务承办人员，组织涉及审批改革、政策法规、业务流程、专业知识、网络系统和现场服务等多个方面的对口业务培训；同时，辅以跟班学习、派驻指导、上门现场办理等方式，快速提升基层窗口人员业务素质和服务能力。为实现精准指导、统筹协调，行政审批服务管理局还专门设置了三级政务服务体系指导股，定期分析研判、推动解决乡村政务服务中存在的问题和困难，为改革的顺利推进和服务的快速提升引路清障。

第三节 数字乡村智治，推动全民监督

乡村全面振兴，数字化改革是牵引力，更是加速器。各省市县乡村要以推进基层治理体系和治理能力现代化为目标，深化数字乡村"智治"能力建设，不断完善自治、法治、德治、智治"四治融合"的乡村治理体系，切实提升基层智治能力，提升乡村产业发展质量。以科技为支撑，创新数字驱动的乡村治理路径，提升乡村治理效能，建设基层数字化监督体系，推动乡村治理更精准、更科学。

一、推动乡村智治、全民监督的意义

（一）以群众问题为导向，拓宽乡村治理主体

随着大数据时代的到来，网络技术的普及让村民不再仅仅是乡村治理的旁观者。乡镇政府和村委会应将村民视为合作治理的伙伴，为他们提供更多参与渠道和机会。例如，将乡村服务点与居民热线电话、移动通信设备和微信公众号连接起来，形成一个全天候、全时段的联系网络。互联网能够赋予民众技术上的权利，扩大他们的政治参与，使政治过程能够更直接、更有效地回应公众意见和需求。

（二）有效增强乡村治理的社会满意度

在乡村治理中，干群关系是核心内容和重要体现，直接影响乡村的稳定、和谐与进步。大数据系统的构建，使乡村具备了条件、能力和保障，将市直单位的审批权力下放到村级组织，涉及群众生活的诸多事务，如医保、工商营业执照、老年证、执业证书等，如今都能在村里办理。这种便利不仅拉近了村干部和村级组织与群众的距离，还提升了乡村治理的社会满意度。

（三）破解基层监督智慧化程度低、监督精准度低、问题发现难等瓶颈问题

我国乡村治理长期以来存在被动性，常在问题出现后才应对，这种"头痛医头、脚痛医脚"的方式导致行政效率低下。为改变这一局面，需对现有政务事项进行系统梳理，并提前预测和分析各类潜在事件。借助数字化技术手段，能够快速回应公众需求，及时解决问题，并接受全面监督，这已成为提高乡村治理能力和水平的必由之路。

二、乡村智治、全民监督的制度体系建设

立足数字社会建设和乡村振兴的有利时机，秉持"整体智治、系统集成、协同高效"的理念，打造全面覆盖、上下贯通、运行高效的基层数字化监督体系，推动基层监督科学性、精准性和协同水平不断提升。

如何用"算力"代替"人力"发现基层公权力潜在问题，是基层监督数字化改革的重心，也是基层监督"最后一公里"能否实现"智治"的关键。构建政府内部信息共享机制，编制政务信息资源目录，制定农业农村数据资源共享管理办法，打通省市县乡村五级基层公权力大数据监督应用。聚焦村社高频事项和"小微权力"腐败易发环节，明确政务数据采集、保存、共享、应用等环节的规定，对村级工程、资产资源、劳务用工、村级采购、困难救助、印章管理六大腐败易发权力事项进行动态监督和实时预警。这些措施将促进政府各部门高效合作，实现政府内部信息的综合化与一体化，提升社会治理效率和效果，确保百姓身边的公权力运行和监督全程"在线"。

同时，将海量数据和监督需求连接起来，通过数据抓取、碰撞比对等，动态感知、精准识别基层公权力运行中的廉政风险，实现监督从线下到线上、从事后到事前、从"瞪大眼睛看"到"数据碰撞算"、从单独作战为主到全面贯通融合的转变。

三、深化全员共治，保障知情权、决策权、监督权

立足当地实际，全力构建完善数字乡村治理有效性的村务公开制度、民主决策制度、评价监督制度，保障村民的监督权，充分保障村民参与数字乡村治理的能动性。

（一）构建数字乡村治理有效性的村务公开制度，保障村民的知情权

引导各村打造以"三务"公开栏为第一载体，结合村务公开微信群、村务广播、村级党群服务中心等平台为辅的公开方式，不断拓宽村务公开阵地。鼓励有条件的村依托党群服务中心、便民服务点、学雷锋志愿服务站等内容，坚持"服务群众365天不打烊"工作机制，打造村级政务公开专区，构建"专区+公开栏+微信群"的村务公开联动模式。

（二）完善数字乡村治理有效性的民主决策制度，保障村民的决策权

持续推广乡村自治模式，重点围绕征地拆迁、民生项目实施、景村

建设、农村人居环境整治等内容，利用大部分村民的空闲时间，定期召开村民代表会议、村小组会议，公开村级重大决策部署，动员群众参与村级事务，广泛征求群众意见，积极回应群众关切，努力实现服务群众"零距离"。

（三）健全数字乡村治理有效性的评价监督制度，保障村民的监督权

从"五型政府"（忠诚型、创新型、担当型、服务型、过硬型）建设出发，以廉洁工作平台建设为抓手，推进"五个工程"（思想建设、组织建设、作风建设、制度建设、反腐倡廉建设），落实"三不"要求（不敢腐、不能腐、不想腐），以项目化推进各村廉洁村居建设。紧盯"小微权力"运行，各村定期上报村务公开情况，落实村务公开监督员制度，以村级监督推动基层治理提质增效，真正让群众感受到监督就在身边。

第四节　数字化管理，智慧社区服务集成

《"十四五"数字经济发展规划》提出，"十四五"时期，我国数字经济转向深化应用、规范发展、普惠共享的新阶段，将加快现有住宅和社区设施数字化改造，智慧社区建设等再次受到关注。智慧社区通过多元化的信息交互技术搭建的内容矩阵连接起数亿用户与各行各业，并与实体经济深度融合，不断创造新场景、新机会、新模式，推动数实融合与数字中国建设。

一、数字社区、智慧社区的概念及主要特征

（一）什么是数字社区

工业和信息化部下属中国信息通信研究院发布《数字社区研究报告（2022年）》指出，数字社区是以新一代信息技术为基础，以海量数据为流通要素，以先进的数字化交互手段为主要表现形式，通过打造高互动的数字生活场景，建立人与人、人与物、人与社会之间的信任连

接，从而实现线上线下高效融合的新型互联网社区。

可见，数字社区不是传统意义上的物理街区，也不是以地理或行政区划界定的居住区，而是以现代民生服务和社会公共服务为核心的新型数字交互社区。数字社区作为一种创新的治理与服务模式，能够有效服务于现代化产业体系建设、助力乡村振兴，并推动区域协调发展。

（二）智慧社区与数字社区的区别

智慧社区与数字社区都是比较新的概念，还在不断发展中，很难严格区分。有观点认为数字社区＝智能社区＋虚拟社区，从这个观点来看智能化是数字社区的重要组成部分。可以从以下两个方面来区分。

首先，数字社区是一个全面的概念，其依存的基础除了社区本身，离不开数字化城市和数字社会，很难想象一个孤立的数字化社区能够存在，这是因为数字化信息是社会资源。智能社区则将在社区内部实现智能化的功能。

其次，数字社区注重在社区内推动社会信息资源的共享，以此为基础提供多元化的社会化数字化信息服务；智能化是面向社区内部的以科技手段来提高社区的功能，更多地体现出社区内部管理。

（三）数字社区的主要特征

作为新型互联网社区，数字社区以普惠、连接、效率和信任为特征，通过多样化的表现形式，将人、产业和区域等物理世界要素在数字世界中连接成多个内容模块，形成内容生态。这种生态最终产生规模巨大的多边网络效应，使不同人群基于普惠机制获得平等的数字化服务，并推动更多数字化服务的产生。

二、乡村智慧社区服务集成的主要内容

（一）整合多方数据，建立完善社区治理和服务数字系统

围绕社区管理和服务的需求，迭代升级数字生活服务平台，完善社区治理和服务应用。调用省域数字治理现状和基础数据并进行细化，增强管理服务信息的可视化。例如，在社区层面设置社区治理和服务业务

运行层面的功能，在街道和县级党政部门设置业务监督管理层面的功能，在县级党政机关层面设置决策咨询层面的功能。实现"智慧社区"数字系统的PC端、手机端、电视端、大屏端、平板端、自助机端等多种终端操作形式并存。

（二）提升服务供给，多维度打造社区智慧场景

结合乡村社区治理和服务的现实需求，加强"智慧社区"数字系统与政务网等数字平台和信息系统的业务衔接、流程对接和数据共享。例如，打造"智慧党建""智慧安防""智慧办公""智慧医养""智慧城管""便民服务""基层治理"等多个智慧应用场景。

（三）推进多方参与，营造多主体参与的智慧社区生态

为智慧社区综合平台和社区管理服务综合信息系统设置用户端、管理端、决策咨询端，实现用户服务需求提出、商家和社会组织供给回应、党政部门业务监管、党政领导的决策咨询和应急指挥等不同层次功能的一体化。充分发挥当地乡贤参事会、社区志愿者队伍、公益慈善基金等主体在社区服务中的积极作用。

三、智慧社区服务乡村民众生活

在智慧社区数字平台上，为群众提供线上线下服务。在使用过程中，平台系统应自动匹配，相互配合，实现"一网管理"。其中，线上服务在"数字社区"大型软件应用系统上提供，线下服务可在数字化综合服务中心提供，真正成为群众"只进一扇门""最多只跑一次"的"综合窗口"，做到"好看、好玩、好用、省时、省力、省心"。

（一）数字化赋能精准就业

建立社区居民文化结构、劳动力状况、健康状况、劳动意愿等电子档案，与人社、生态移民做好数据共享和协同，通过用工信息即时发布和大数据配对，有效匹配供给和需求。

（二）探索社区服务集成化、智能化模式

逐步推进社区服务数字化应用，实现智能家居、生活服务、社区医

疗、养老监护、家政服务、定位援助等领域的线上线下融合服务,打造智慧社区,实现社区安防监控、高空抛物监控、社区卫生监控、社区公共设施管理、社区智能停车管理等社区基层的精准化管理。

(三) 强化社区物联网建设

在现有视频监控相对完善的条件下,提升视频图像智能识别能力,积累优化识别模型,满足人、车、设施、事件的动态实时监测。通过身份识别、安全监控等方式把人治、智治有机结合,运用地图可视化手段,实时呈现社区内治理事件并及时处置,有效增强社区安全预测、预警和预防能力,全面实现数据的统一汇集、统一管理。

(四) 打造社区数字生活服务平台

将家庭成员就业、就学、医疗、养老、易地搬迁群众家庭迁出地/迁入地等多项基础信息数字化,通过服务平台让群众能便利地与社区管理人员交流,提高社区工作效率和加大数据统筹力度。工作人员能及时知晓搬迁户的各类诉求,助推易地搬迁后续扶持高质量发展。

第五节　网格化管理,筑牢平安乡村

习近平总书记强调,要加快推进社会治理现代化、努力建设更高水平的平安中国。按照党的十九届四中全会"坚持和完善共建共治共享的社会治理制度"的要求,结合国家大数据战略和智慧城市建设,以信息化为引导,公共安全视频监控联网应用为重点,依托县、乡、村三级综治中心平台,实现公共安全视频监控建设集约化、联网规范化、应用智能化,提高社会治安智能化水平,形成问题联治、工作联动、平安联创的工作局面,不断提升人民群众的安全感和幸福感。

一、网格化管理与平安智慧乡村建设

网格化管理就是要坚持以群众需求为导向,以现代信息技术为支撑,从提升基层综合治理和网格化信息管理水平入手,通过把控源头,

提升效能，夯实平安建设基石。其实质就是平安智慧乡村建设，就是要深入推进网格化管理、精细化服务水平，以信息化支撑平安智慧乡村建设，筑牢平安乡村防控网底，提高乡村社会治理智能化、法治化水平。

二、平安智慧乡村系统的主要平台

平安智慧乡村是一项复杂的系统工程，通常由两大工程构成：群众性治安防控工程＋智慧乡镇建设。四个平台组建："平安乡村"视频监控平台、视频监控管理平台、智慧乡镇信息平台、电视电话会议平台。

（一）"平安乡村"视频监控平台

"平安乡村"视频监控摄像头由居民视频监控和公共区域视频监控两部分构成。摄像头均采用符合国家标准的全高清或超高清室外摄像机。居民视频监控按照平均每村不少于一定数量家庭视频监控的要求，由各级政府监督实施，保障居民利益和设备的技术标准和质量。公共区域视频监控在各村、社区的出入口、主干道、重点区域等确定合适位置安装一定数量的监控摄像头。

（二）视频监控管理平台

视频监控管理平台对所有安装好的农户视频监控和公共区域视频监控，搭建户、村、乡镇/街道、县、市等多级管理平台并负责监控信号传送。居民的视频监控直接与居民智能手机连接，所有居民及公共区域视频监控接入村（社区）综治中心平台，村（社区）综治中心平台的视频监控接入本乡镇综治中心平台，乡镇综治中心平台接入县综治中心平台和公安局"平安城市"指挥中心平台。

（三）智慧乡镇信息平台

智慧乡镇信息平台由专人统一管理平台。智慧政务、党建学习、精准扶贫、便民服务、防疫服务等行政服务和公共服务资源通过电视屏入户到人。智慧政务具有形式多样的"电视平台"政务信息能发布到公告栏。智慧党建具有远程大屏党员在线学习、在线考试、在线投票点赞、在线问卷等功能。便民服务功能社保类、政务类、交通类等均可对接。

（四）电视电话会议平台

电视电话会议平台可实现视频通话、视频会议、远程党课。多屏互动，电视与手机、电视与电视均可视频通话，操作简单；大屏高清、可多路设备同时接入参会，能解决传统线下会议组织难、用手机开会的方式缺乏正式性的问题。无需自建视频会议系统，也无需另外支付费用。

三、网格化管理的主要任务

（一）坚持党建+网格，汇聚平安主力军

坚持党建引领基层治理，精织平安建设防护网。建立网络综合治理体系，明确包村干部、村干部、各村党支部书记的基层治理职责。在网格基础上建立党小组，打造以群众为主题的基本单元，以党员为骨干力量的基本队伍，以党支部为核心阵地的基本格局，确保网格化管理服务"横向到边，纵向到底"的全面稳固覆盖。

（二）坚持排查+化解，夯实平安保护盾

以村级网格化服务站为依托，发挥网格员"熟人、熟地、熟情"的优势，成立"网格员+包片民警+村五老"矛盾纠纷化解小组，确保各村网格员任务落实到位，全面排查社会矛盾纠纷事件。发现矛盾问题及时调解，做到将矛盾解决在内部、解决在基层、解决在萌芽之中。

（三）坚持宣传+引导，搭建平安防御塔

始终高度重视和加强网格宣传教育引导作用，深入开展信访维稳和安全生产宣传教育。立足基层，精准发力，围绕《中华人民共和国宪法》、《中华人民共和国民法典》、习近平法治思想、防范养老诈骗等接近群众生活的法律常识，组织各村网格员与司法所、派出所联合开展法治宣传活动，发放法治宣传单，辐射所有村。同时，为老年人开展入户普法宣传，主动"送法规"，及时"送政策"，打通平安法治乡村建设的"最后一公里"。

第六节 数字应急调度，完善应急管理

与城市相比，当前我国乡村治理面临的突出问题是应对突发事件的能力、水平和资源严重不足，广大农村人口尚未充分享受到数字技术进步带来的红利，基层应急管理能力已经成为国家应急体系的一个薄弱环节。在数字应急管理体系和能力现代化建设的道路上，乡村要紧跟城市应急管理的步伐，必须采取更有力的举措，利用更先进的技术，汇聚更大的力量来提升乡村数字应急管理能力。

一、乡村数字应急管理的主要内容及职责

乡村数字应急管理主要涉及乡村自然灾害应急管理和乡村公共卫生安全防控。通过物联网、云计算、大数据和人工智能等新一代信息技术，对突发事件进行全流程管理，包括事前预防、事发应对、事中处置和善后恢复，以实现灾情的有效预防、应急事件的快速解决和应急资源的高效利用，最大限度保障乡村居民的人身和财产安全。

（一）乡村自然灾害应急管理

利用智慧应急广播、移动指挥车、电视机顶盒、专用预警终端及手机App、短信等渠道发布灾害预警，协助群众做好应急防范。打造一个具备"天—地—地下"立体化监测、综合数据智能运算分析和全渠道及时传输预报或预警信息能力的多灾种预警系统，以确保对地质灾害、洪涝灾害、森林或草原火灾等灾害有效、稳定、可靠地进行预报或预警。借助应急管理平台实时获取自然灾害发生范围内的防灾资源信息，据此做好资源调配。同时，实时掌握各安置点、街道、乡村、社区的人员疏散情况，开展针对性指挥调度，保障人民生命财产安全。

省级层面负责建设省级应急管理平台，包括应急指挥调度、应急协同、应急专题等应用系统的建设，同时负责指导市、县部门搭建应急调度系统、应急协同系统、应急专题系统在内的乡村应急管理服务平台，

指导和帮助市、县绘制包含农村地区山区地质灾害、平原防洪抗旱、林区森林防火等在内的农村应急作战数字地图，指导建立应急事件预警、指挥调度、善后恢复等在内的全过程工作规程。

县级层面在省级部门指导下，完成本级应急管理服务平台建设任务，制定工作规范标准。利用该平台开展值班值守、灾害救助、信息发布、总结评估、指挥演练、应急资源管理和应急风险评估等日常应急管理工作。同时，县级应急管理服务平台与省级平台实现互联互通，保障信息交互和硬件资源共享。

特别注意，数字灾害应急管理平台建设时应该充分考虑各区域相关部门已建硬件基础设施，如应急广播、大屏等，应充分整合对接。同时，应急部门所建设的硬件基础设施应该为开放性的基础设施，其他业务平台也能够充分调用，防止重复建设。

（二）乡村公共卫生安全防控

打造覆盖全面、实时监测、全局掌控的乡村数字化公共卫生安全防控体系，破解乡村地域广阔导致的人员管理不便和公共卫生事件发现滞后等问题。引导村民开展自我卫生管理和卫生安全防控，筑牢乡村公共卫生安全的数字化防线。同时，建立统一的突发事件风险监测与预警信息共享平台，及时向群众发布最新的公共卫生政策和突发公共卫生事件进展信息。

省级层面负责建设健康医疗大数据中心，实现跨业务系统数据融合，有效整合医疗运营各类信息资源，实现医疗各运营领域的全方位监测。整合公安、消防、医疗等领域信息资源，通过多样化分析手段，实现全方位立体化的公共卫生安全态势监测，提升综合疾病防控能力，切实提升公共卫生安全保障效力。

县级层面负责建设公共卫生信息采集平台，对医院、学校、疾控、村镇集市、中心等重点防控区域的突发公共卫生事件进行实时监测。基于网格对重点区域的人员、物资、网格员等信息进行联动，对重点区域实时态势进行综合监测，对接地理信息系统和疾控、医疗、消防、应急等多部门现有业务系统，对重点人员的数量、流向、地域分布、流入流出方式、运行轨迹等信息进行可视化分析研判。

二、乡村数字应急管理系统建设与管理联动

乡村应急管理的现代化离不开自主创新和科技引领。以科技化和信息化为驱动，推动农村社区应急管理工作的开展，提升乡村突发事件应急指挥效率，关键在于"联动"，在突发事件发生后，能够及时预警、快速上报、精准掌握实时动态，才能有效预防、及时控制、减轻事件的危害程度，维护正常的社会秩序。打造高效的组织体系、提高应急预案传达效率，打通应急指挥的"最后一公里"，是完善乡村应急指挥与调度，保障人身财产安全的关键。

（一）应急指挥系统

基于现代公共安全理念和技术，融合大数据、物联网、云计算等技术，依托数字乡村平台，融合广播、监控、会议系统，建立智能化应急网络体系，实现跨地区、跨部门的统一指挥协调，确保快速响应、统一应急和联合行动。这将真正实现社会服务的联动，有效应对突发性公共事件，保障人民群众的健康与生命安全。

（二）智能监控系统

视频监控系统作为应急指挥的辅助系统，在通报险情、指挥救援、紧急救助等方面发挥着重要作用。视频监控系统可为应急指挥提供大量第一手的现场资料，指挥调度平台通过视频监控系统即可实时查看现场实况，打通应急指挥的"最后一公里"。通过对现场的把握进一步提升抢险决策的准确性、科学性。同时，在抢险人员难以观察到的地方，监控终端能够进行拍摄并实时传回图像，实现"看得清、看得全、看得准"，全方位了解事故区人员救援情况，方便调整应急手段，保障群众生命安全。

（三）应急广播系统

乡村数字应急管理平台无缝对接应急广播系统，基层管理员通过数

字乡村云广播平台即可集中管理区域内的所有广播终端,方便对上级灾情应急指令快速反应,有利于上传下达的有效落实,提高应急预案传达效率,提升自然灾害综合风险和减灾能力。当区域发生突发事件,乡镇管理员能够快速展开针对性的预警工作,及时做好人员疏散、救灾物资发放、危险区域告知等工作,减少财产和生命损失。

(四)视频会议系统

通过平台视频会议功能,各级政府可快速与省、市、县、村任一个或多个指挥中心进行远程组会,达到及时了解、快速反应、准确决策、统一调度的目的,打造高效的组织体系建设,切实加强应急管理,提高基层预防和处置突发公共事件的能力。另外,视频会议系统可作为远程医疗的媒介,在应急指挥调度中,专家可与应急区域医疗组织直接连线,进行专家会诊、远程确诊、手术示教等,确保灾区可以展开有效的治疗救援。

三、探索基层数字应急能力建设新路径

(一)构建责任体系,严格责任落实

乡村应急管理应与互联网、大数据紧密结合,通过信息技术建立全面覆盖的联防联控网络平台,确保预防在先,对紧急情况能够早发现、早处理。农村社区突发事件的时效性、紧迫性、不确定性等特点,决定了农村网格化管理需要构建功能更强大、覆盖面更广的联动信息库,以提高智能化程度。形成县乡村和县直有关职能部门工作责任联络体系;划定网格,按照属地性、便利性原则,将全县各乡镇、村(社区)进行网格区域划分,定格、定员、定责、定岗,做到横向到边、纵向到底无盲区。

(二)健全工作机制,有序规范运行

建立健全应急部门和相关职能部门分工合作、协调运转的工作机制;建立健全网格事项流转处置工作机制,实现"大事全网联动、小事一格解决、清单式管理、网格化服务"。确定社区网格范围,细化应

急管理事务，实现网格化精准预警。整合村内原有的综合治理、社区治理、应急管理等系统的信息资源，建立一体化的信息系统和综合指挥平台，通过信息化手段推动应急管理一体化建设，进一步提升农村应急管理水平和服务效能。

（三）加强队伍建设，整合分散职能

打造专职应急管理网格员队伍，严格规范人员选聘，提高待遇保障，相关部门定期对网格岗位人员进行业务指导、培训和考核，实现"一员多职，一职多用"。同时，对网格员实行县、乡镇、村三级考核，结果与绩效工资挂钩。依托区域网格化管理，将语音、视频和 GPS 定位功能相结合，实现全天候安全监测，一旦出现紧急情况，系统可快速定位风险源，立即发出警报并启动应急预案，使应急管理工作人员能够灵活指挥、精确调度，高效完成应急处置工作。

第十章 数字乡村服务体系打造

第一节　教育数字化发展，推动教育转型

一、教育数字化的战略意义和基本情况

教育是缩小城乡差距的关键，是巩固拓展脱贫攻坚成果、有效衔接乡村振兴的重要途径。实现乡村教育数字化，通过先进的数字技术手段将乡村地区学生与优质教育资源连接起来，为乡村教育注入新的活力。教育基础设施改进、人才培训模式创新是教育数字化的重要体现。

当前，我国乡村地区教育数字化基础条件逐渐好转，乡村地区课堂已全面扩大信息技术的应用，并逐步加强数字化技术与课堂的融合。教育部《中国教育概况——2020年全国教育事业发展情况》[1] 显示，2020年，乡村地区义务教育阶段建立校园网学校比例继续提高，小学建网学校比例为67.3%，较上年提高1.6个百分点；初中为74.1%，与上年基本持平。同时，随着工业和信息化部与教育部联网攻坚行动的开展，我国中小学校（含教学点）已实现100%宽带通达，有效保障了乡村教育数字化的进一步推广。

虽然教育数字化在我国乡村地区的发展取得了长足进步，但是目前我国乡村地区教育数字化水平仍然相对较低且城乡教育差距较大。教育

---

[1] 教育部，2021年11月15日，《中国教育概况——2020年全国教育事业发展情况》，http://www.moe.gov.cn/jyb_sjzl/s5990/202111/t20211115_579974.html。

部《中国教育概况——2020 年全国教育事业发展情况》显示，我国农村地区小学和初中生均仪器设备值分别相当于城市地区的 80.4% 和 77.0%，乡村小学、初中建网学校比例分别比城市学校低 17.2 个和 12.6 个百分点。乡村地区学校教育数字化硬件水平有待进一步提升。

二、教育数字化的发展路径与建议

为防止教育差距成为制约我国乡村全面振兴的短板，推动乡村教育转型，实现乡村教育数字化是我国当前面临的重大课题。

第一，大力推进乡村教育基础设施建设，通过推进乡村互联网、5G 网络建设，完善乡村教学环境。为了支持乡村地区学校的授课，需要进一步提升乡村地区，特别是偏远地区的信息和通信技能。政府对乡村地区学校的财政支持是保障乡村教育数字化的重要途径。各地政府应为偏远地区学校提供政策支持，使学校能够获得更多的数字教学基础设施的改进。

第二，通过数字化手段关注学生健康发展。当前乡村地区留守儿童问题严重，学生缺乏心理疏导。加强对远程学习和心理辅导的支持，通过加强高速网络基础设施建设、拓展数字图书馆应用，让更多小学校、偏远学校通过信息和通信技术接触更多知识和服务，通过视频、视频会议等形式向乡村及偏远地区的儿童和青年提供专门的心理健康咨询服务。

第三，加强乡村地区教师培训，吸引人才充实乡村教师队伍。除了硬件的支持，乡村地区教育数字化的普及还需要对乡村教师进行培训。当前，我国乡村地区拥有基本数字技能的教师比例远落后于城市地区，针对乡村地区教师的数字技能培训也一直相对欠缺。缩小城乡教育差距关键在人才，一方面加强乡村教师队伍培训，通过数字化课程共享优质资源。另一方面吸引优质人才加入乡村教师队伍，提高乡村教师待遇，保障乡村教育稳步发展。

第四，各地应主动推广网络直播、点播、录播等多种形式，构建"在线课堂""云端教学""广电课堂""电视学习平台"等，丰富线上教育资源与服务供给，保障乡村地区教育质量改善和教育水平提升。

通过授课方式的创新和技术手段的改进,有效扭转乡村地区教育落后的局面,使乡村学生,尤其是偏远地区学生同样享受优质的教育资源。同时,加强对乡村地区教师的数字化技能培训,不仅有助于乡村地区教师教学水平的提升,也能够促进国家技术支持在乡村地区有效落地,保证乡村地区的教学质量。

第二节 整合医疗资源,加快建成多层次卫生服务体系

一、医疗卫生服务数字化的战略意义和基本情况

健全乡村医疗卫生体系,不仅是加快实现健康中国战略目标的现实需要,也是推动乡村振兴战略深入实施的应有之举。应加快推动县域优质医疗资源扩充与合理分布,促进服务重心下移、资源向基层倾斜,构建契合乡村发展特点的医疗卫生服务体系,提升偏远地区居民获取优质且价格合理的医疗卫生服务的能力,有助于为乡村居民的健康保障提供坚实支撑。

当前,我国乡村医疗资源逐步扩展,乡村卫生服务体系日趋完善,城乡差距不断缩小,医疗资源逐渐下沉。国家卫生健康委员会和财政部共同推进实施基层医疗卫生机构远程医疗服务建设,大力支持边远脱贫地区建立基层远程医疗服务网络,以点带面推动县域内基层远程医疗服务开展,充分利用互联网进行远程医疗服务,乡村获得的优质医疗资源进一步得到保障,基层医疗服务能力和服务效率显著提升。截至2021年,30个省(区、市)已建立省级互联网医疗服务监管平台,全国范围内已设立1600余家互联网医院,初步构建了线上与线下融合发展的医疗服务新模式。各地规范远程医疗服务发展,积极完善省—地市—县—乡—村五级远程医疗服务网络,支持县医院远程医疗协作网建设,全国29个省份建立省级远程医疗平台,全国远程医疗服务县(区、市)覆盖率达到90%以上,建成面向边远地区的远程医疗协作网4075个,实现832个脱贫县的远程医疗全覆盖。

然而，我国乡村卫生服务体系发展仍显滞后，乡村医疗机构在功能布局上仍存在不均衡、不规范等问题，基础设施建设水平亟须提升，智能化与数字化手段的推广应用尚不充分，健康管理能力有待提升。同时，乡村医疗卫生从业人员素质相对不高、结构有待优化、待遇水平与城市相差较大、社会保障压力较大，一定程度上阻碍了医疗资源的下沉和乡村卫生服务体系的完善。

二、医疗卫生服务数字化的发展路径与建议

为了推进我国乡村医疗卫生服务体系建设，各地政府应持续加大对乡村基层医疗体系的建设力度，着力推进县域优质医疗资源的扩容与合理配置，促进服务重心向下延伸、医疗资源向基层倾斜，为维护乡村居民健康提供有力保障。随着互联网、大数据、人工智能等数字技术在社会资源分配中的集成和优化升级，地方政府要加快乡村互联网普及，发展"互联网+医疗健康"，打破固定地域范围限制，促进公共卫生服务的发展，为乡村居民提供在线咨询、远程会诊、防疫科普、药物配送等系列辅助服务，有效保障乡村居民的身体健康。

此外，要加快推进乡村在线医疗卫生服务平台的搭建，借助互联网技术在线统筹并合理分配医疗资源、归纳患病程度、分类制定治疗方案等，以满足乡村医疗卫生的基本要求，促进公共医疗服务的均等化发展。同时，健全乡村医疗体系，包含新型农村合作医疗制度及乡村实际情况的适配度、医疗团队的强化建设和财政支持等，使互联网与医疗健康深度融合，在推动建设健康乡村方面发挥作用。

第三节　增强数字化水平，持续助力社保就业纾困解难

一、社会保障数字化的战略意义和基本情况

保障乡村地区的就业和创新，是稳定就业大局的重要一环，是巩固拓展脱贫攻坚成果同乡村振兴有效衔接的关键举措。劳动力是农业生产

的基本要素之一，是国民经济迅速发展的重要保障。随着大数据、人工智能等新一代信息技术的普及，传统产业与信息技术的融合发展正不断推动产业结构的优化升级，时空距离被缩短，以智能化、信息化、数字化推动乡村产业振兴，持续促进第一、二产业的集约化发展，同时为更多产业的发展创造有利的条件，使得乡村产业结构更为丰富，乡村就业空间得到拓展。

然而，我国目前乡村就业人员收入较低、发展机会较少，加剧了乡村劳动力短缺。随着我国工业化和城镇化的迅速发展，农村进城务工人员持续增加，大量农村劳动力外流，农业生产劳动力供给不足。国家发展改革委数据[①]显示，2023年我国常住人口城镇化率达66.16%，分别比2010年的49.68%和2000年的36.09%增长了16.48个、30.07个百分点，过去20年城镇化率一直保持高速增长，导致农村劳动力不断减少。国家统计局数据[②]显示，近十年来我国城镇就业人员稳步增加，乡村就业人员逐年递减，乡村就业人员由2012年的38967万人下降到2022年的27420万人。同时，当前在乡村从事农业生产的主力为中老年人，进一步拉大了我国城乡人口老龄化的差距。《中国乡村振兴综合调查研究报告2021》[③]的数据显示，我国农村老龄化达23.99%，远高于全国18.9%的平均水平。乡村劳动力老龄化问题将抑制农业新技术的推广，影响农业生产效率提高和乡村产业兴旺。

二、社会保障数字化的发展路径与建议

为突破农业生产的劳动力约束限制，需要逐步加强对乡村劳动力的

---

① 国家发展和改革委员会，2024年8月2日，国家发展改革委介绍《深入实施以人为本的新型城镇化战略五年行动计划》有关情况，https：//www.ndrc.gov.cn/fzggw/wld/zb/zyhd/202408/t20240805_1392204.html.

② 国家统计局，2023，《中国统计年鉴2023》，https：//www.stats.gov.cn/sj/ndsj/2023/indexch.htm.

③ 中国社会科学院农村发展研究所，2022年7月22日，《中国乡村振兴综合调查研究报告2021》，http：//rdi.cass.cn/xzjj/202207/t20220722_5419174.shtml.

关注。

第一，加快发展乡村地区特色产业，提升乡村地区就业承载力，为乡村劳动力提供更多"家门口"就业机会。要促进乡村产业融合，拓宽农业产业链，解决乡村劳动力就业问题。打造现代农业产业体系，培育乡村特色产业和农村电商等新产业新业态，推进农村一二三产业深度融合发展。

第二，强化乡村劳动力数字化培训指导，确保农业从业人员学懂、会用数字化技术，缩小数字化技术鸿沟。数字化技术能够大幅提高每名劳动力的农业生产效率，接受数字化培训的现代农民可以依靠数字化技术实现高效农田管理，在个人终端上足不出户完成一系列繁重的农业劳动。地方政府应积极培养懂技术、懂农业、懂管理的新型职业农民，围绕产业发展需要，面向乡村劳动力，从电商、手机 App 应用等专业信息技能方面开展线上线下融合培训，精准培育出掌握数字技术的高素质农民，以带动地区发展。

第三，结合当地实际发展需求打造"特派员"模式，选派专业人员，到脱贫攻坚最需要的地方去，结合制约当地发展的"痛点"及地区特色，开展数字技术培训。

第四，地方政府应大力宣传相应的信息化学习平台，进一步促使高素质农民培育工作稳步开展，逐步完善本地人才培养体系，从而带动更多的农民参与乡村数字化发展，有效助力乡村振兴。

第四节 丰富文化生活，稳步推进文化传承提档升级

一、乡村文化数字化的战略意义和基本情况

乡村特色文化是当地的名片，是乡村可持续发展的重要支撑。不论是饮食文化、节庆文化，还是手工艺文化、民风民俗等，如果能够将这些文化元素挖掘出来，将它们做好做美，就能吸引大量对乡村文化有向往、对乡村生活方式感兴趣的人。对乡村文化主题的提炼与活态传承，

是推动文化创意融入乡村日常、提升乡村文化生活品质的关键途径。

近年来，数字化技术在丰富我国乡村文化生活中扮演着越来越重要的角色。"村里有个宝""我是家乡代言人"等话题在各类数字化平台收录千余个视频作品，播放量突破5亿。全国各地全面推进县级融媒体中心建设，截至2021年，全国已建成县级融媒体中心2501个、省级技术平台35家，极大地增强了引导群众、服务群众的效能，巩固和拓展了基层宣传文化阵地，在基层社会治理中发挥了重要的作用。同时，全面完成中央广播电视节目无线数字化覆盖，可免费收听收看16套节目，直播卫星公共服务有效覆盖全国59.5万个行政村、1.45亿用户，为繁荣乡村文化提供了坚实的数字化基础。

二、乡村文化数字化的发展路径与建议

当前，地方政府应持续推进乡村文化数字化建设，推动乡村文化繁荣。

第一，各地政府要通过数字化手段促进城乡公共文化服务一体化发展，推进广播电视直播卫星公共服务升级，探索乡村电影多样化供给方式，加强面向困难群体的公共数字化服务。

第二，要加快文化产业数字化布局，建立以企业为主体、市场为导向，推动文化产业同新型农业融合发展，大力支持乡村文化新产业，延续乡村文化根脉，助力乡村全面振兴。

第三，地方政府牵头举办"视频直播家乡""非遗文化传承"等丰富多彩的线上活动，同时借助多种平台，以短视频、直播等数字手段记录并呈现当地多姿多彩的民俗文化活动。

第四，积极推进"乡村网红"培育计划实施，采用微综艺的节目形态，打造一批"乡村网红"IP，着力培育一批优秀的"乡村网红"人才，助力家乡文化宣传和保护。

第五节 创新金融服务，加强提升乡村信用建设

一、金融服务数字化的战略意义和基本情况

当前，随着数字技术的进步，农村电子商务不断兴起，越来越多的乡村项目以更加便利的方式让社会资金发现，乡村企业也因此可获得相应的社会投资。银行业金融机构已基本实现对乡镇层面的全面覆盖，行政村层级的"存款、取款、汇款"等基础金融服务也已基本普及。

然而，当前农村金融面临生态不健全、农业经营风险高、农业经营主体抵押品缺乏、市场征信制度不健全等制约，农业农村信贷获得难度相对较大，主要是涉农普惠金融有效供给不足、金融机构发展农村普惠金融意愿较低、农民金融知识匮乏等导致。

二、金融服务数字化的发展路径与建议

针对以上问题，各地政府应持续推进农村信用体系建设，为乡村发展营造诚实守信的信用环境。

第一，因地制宜建设涉农信用信息系统，开展信用征集和信用评价，对乡村居民进行金融信用知识普及。

第二，大力推进"信用户""信用村""信用乡（镇）"的创建与评定，引导、推动金融机构、政府部门等制定相关支持政策措施，充分发挥示范效应，引导带动更多农村经济主体诚实守信。

第三，加强农村信用宣传教育，基层政府工作人员应深入农村一线，开展以农村信用体系建设为主题的信用知识普及和宣传下乡活动，不断提升农村各类经济主体的信用意识。

第四，与银行等金融机构深度合作，积极引导支付基础设施服务功能优化下沉到村镇，持续改善乡村支付服务环境，创新支付产品，持续推进移动支付，积极引导中小金融机构线上办理常备借贷便利业务，力争实现全流程自动化处理。

第五，因地制宜，将农村电商、金融知识宣传、反假币、代买火车票等服务与农村金融相结合，满足农民金融服务需求，方便农民生活，支持农村电商发展，助力数字乡村推进。

第六，构建"金融+电商+农业生产"的乡村发展新模式。当地政府切实推动与价值链上的龙头企业合作，并提供相应的金融服务和支持。依托电子商务平台连接生产和销售各个环节，实现农村电子商务繁荣发展，并可以整合资源、优化平台、打造品牌，从根本上解决农村内生动力不足的问题。

通过切实推进数字普惠金融发展，重点服务小微企业、偏远地区农民等，能够有效提高金融服务的覆盖率、可得性和满意度，增强乡村地区人民群众对金融服务的获得感，推动乡村金融服务数字化体系的不断完善。

第十一章
数字技术与绿色发展

第一节　数字技术助力乡村河湖管理工作

水域治理是乡村绿色发展过程中的重要一环。乡村河湖的管理工作对乡村水资源安全保护具有重大意义，同时也起着维护周边生态系统、防治洪涝、提供河砂等重要作用。然而，传统的河湖管理主要依靠人工监管，效率较低且质量不高，不符合当今新时代下河湖管理工作的高效化、精准化要求。在数字技术快速发展的今天，人工智能赋能下的新型遥感技术为传统乡村河湖管理工作带来了新的解决方案，代替人工进行繁重的河湖巡查和问题信息收集工作，大大提高了治理效率，增强了治理效果，为河湖"清四乱"工作拓宽了新的解决渠道。

在我国，"四乱"问题是河湖管理工作的重点和难点，所谓"四乱"分别指的是乱占、乱采、乱堆和乱建。乱占是指非法在河湖水域围垦和侵占滩地等行为；乱采是指在河湖范围内非法采砂取土等行为；乱堆是指在河湖范围内乱扔垃圾，堆放可能影响河道泄洪的固体废物等行为；乱建是指不按规定占据和使用水域沿岸土地，非法修建可能阻碍泄洪的建筑等行为。

当前，我国通过"河长制"治理河湖水系。在省、市、县、乡四级河长体系下，各级河长负责组织领导相应的河湖管理和保护工作，统一对跨行政区域的河湖明确管理责任，协调上下游，实施左右岸联防联控工作。总体来讲，"河长制"将河湖管理保护的职责落实到各级河长，有效改善了河湖管理效果，有效地遏制了乡村河湖的"四乱"问题。然而，在传统的人工巡查和人工提取影像目标信息等手段下，各级河长所要承担的工作任务较重、工作效率较低、速度较慢、精度较差，且容易发生漏查的情况，"河长制"的潜能无法完全发挥出来。如今，数字技术的发展为传统乡村河湖管理工作提供了新动能。例如，以卫星遥感为代表的遥感技术能够实现对大范围的乡村河湖状态全天候的动态监测。近年来，卫星遥感技术在我国快速发展，为开展河湖管理动态监控、加强河湖管理提供了助力。而遥感技术与其他数字技术的组合更是将乡村河湖管理工作的效率提升到新的档次。

所谓遥感技术，就是一种主要通过各种传感仪器对远距离目标所辐射和反射的红外线、可见光、微波等电磁波信息进行收集、处理，并形成光谱特性图像的探测技术。在河湖管理实践中，遥感技术可以对水体中叶绿素 a、悬浮物种类和含量、色度情况、温度值、可溶有机物类型和浓度等水质指标进行反演，从而实现无接触的水体质量评估。相较于传统的水质监测技术，基于遥感技术的水质监测不受水体深度温度和水生生物等不可控因素的干扰，获得更加准确可靠的监测数据。目前，遥感技术与手机 App 和人工智能技术的结合显示出巨大潜能。

基于卫星遥感数据，可以在智能手机平台上开发具有河流和湖泊监测和报告等功能的各种应用程序。通过遥感技术与手机 App 相结合，充分调动公众参与水治理和监督的积极性，实现"全民保水"。例如，广东省利用微信集成了 9.3 万条河流断面信息，并在此基础上为人们提供了便捷的"河长邮箱"，供人们报告河流和湖泊中的问题。当人们发现河流、湖泊出现问题时，可通过手机定位功能在平台"河长邮箱"电子地图中搜索河段位置，用手机拍照后上传到平台专业人员处进行进一步分析调查。在投诉被上传后，该平台允许公众查询投诉并跟踪处理过程。遥感 + 手机 App，让公众成为移动的"眼睛和耳朵"，通过手机摄像头为河湖监测系统提供实时、真实的遥感信息。将人们拍照举报引入河湖水系治理是一种新的思路。这一措施可以聚集大量由手机摄像头组成的非专业遥感力量。每个人同时都是"河长",每部手机都是多功能的"遥感设备",让人们只需动动手指,就能报告偏远水域未被观察到的河流或湖泊的"四乱"问题。以数量庞大、行动轨迹分散的方式,有效覆盖了传统河长巡视工作中的盲点和死角,不仅减轻了河长繁忙的工作负担,也有效提高了水治理实效监测工作的质量。此外,对于农村来说,人们既是美丽农村生态环境的受益者,也是建设者。移动举报平台提高了群众对家乡河湖水系治理的参与度,为捍卫家乡绿水青山提供了"阵地"。

虽然遥感技术可以积极发现问题、收集证据,有效防止河湖水体的非法占用,但从应用现状来看,由于遥感影像数据量巨大,如何快速高效地提取农村河湖的监测信息将是未来的一大难题。幸运的是,以大数据为支撑的信息挖掘技术可以有效解决这一问题,为建设高效的农村水管理平台提供可靠的数据保障。遥感技术与人工智能技术相结合,可以有效应对"四乱"问题。基于遥感技术实时获取的监测对象信息,人工智能技术可以结合各区域的光谱特征、几何特征和空间特征,建立农村河湖"四乱"解译标识。当农村江河湖泊发生"四乱"时,智能遥感技术可以通过对监测区域的准确定位和多时段遥感影像对比,对疑似"四乱"区域进行检查和判断,协助相关工作人员协同治理和执法。快速准确的河湖监测系统可以支持更加精准、细致、多维的决策。"四乱"问题出现后,智能遥感系统可以快速筛查锁定问题根源,并及时通知相关负责人进行处理,大大缩短了发现问题、分析问题、处理问题的决策过程和决策周期。此外,智能遥感系统甚至可以推进治理口岸,将传统的事后治理转变为预防性治理,提前解决"四乱"问题。

中国科学院云计算产业技术创新发展中心利用遥感技术的环境监测数据制定污染源溯源方案,解决了东莞市的环境监测难题。云计算中心通过获取茅洲河流域及周边地区的卫星遥感影像,利用无人机对重点河道制定详细的监测方案,生成污染源强度分布图,实现对流域水环境和水资源的可视化分析,极大地弥补了人工监测记录方式的不足,实现全面、直观、农村流域水生态的客观高效治理。同时，协助生态环境局的检查和调查。水利部信息中心联合阿里云智能、阿里达摩研究院率先应用遥感＋人工智能技术，对全国7家流域管理机构的河道"四乱"进行常态化监测，及时发现和处理违章占用、违章开发、违章打桩、违章施工等问题。本技术重点设计了识别系统的五个方面：（1）水自动识别系统可以快速获取水体中的水信息，然后根据深度学习技术进行分类判断，实现水资源的快速识别和精准控制，为湿地保护和洪水监测等领域提供帮助。（2）滨江房屋自动识别系统可根据一米以内的空间分辨率光学图像提供房屋的表面信息。结合图像处理和模式识别算法，可实现河湖管理范围内房屋的高精度、快速提取。（3）采砂场地自动识别系统通过解译图像的光谱特征和空间特征，整合各种非遥感信息，自动识别河道附近的采砂场地。（4）拦河坝自动识别系统利用高分辨率遥感数据调查水源地表状态，识别拦河坝位置及不同形态变化。（5）温室/网箱养殖自动识别系统基于深度学习计算，可以准确提取图像中新变化的温室信息，从而识别河湖治理范围内的违章建筑；光伏电站自动识别系统可以通过对遥感数据中的光伏电站进行描述、解释、分类和推断，准确识别河湖辖区内任意建立的光伏电站。目前，遥感和人工智能在治理江河湖泊"四扰"方面已取得初步成效。具有监测范围大、监测周期短、数据采集及时、全天候高效工作等优点。它为流域管理系统带来了方便。遥感＋人工智能可以实现图像中有效信息的快速提取，将河长从繁重枯燥的人工检查工作中解放出来，工作效率更高，降低了河湖管理的人工成本，为河湖系统治理体系提供新的动力。此外，深度学习技术的应用，大大提高了智能遥感在识别河湖违建和污染问题上的准确性。

第二节　数字技术保障乡村林木生态安全

森林资源对于生态环境及城市乡镇经济发展具有重要意义，管理有效的丰富森林资源能够促进乡村可持续发展。在生态环境方面，森林具有涵养水源、预防和缓解旱涝、净化空气、保护生物多样性、调节气候和减少极端天气等重要作用。在促进经济发展方面，森林中的林木是重要的工业原料，同时前景广阔的农业市场也是依托森林资源。近几年，我国的森林覆盖率不断提升，在"十三五"期间已经达到了23.04%。森林面积的不断扩张意味着有效的数字化管理监测技术需要投入使用，来保护国土绿化成果。比如，在智慧林业的建设过程中，利用物联网技术进行林木生长情况监测、病虫害防治和火灾防护等林木防护治理工作。

首先，应进行林木防护治理，筑牢乡村生态防火墙。尽管我国在病虫害防治及森林火灾防护方面有显著进步，但是和部分发达国家仍有一定差距，林业信息化处于起步阶段。主要表现有信息化组织结构不健全、信息化基础设施建设落后、缺乏总体规划布局、标准化体系建设滞后等。特别是在数字化赋能的大潮下，抓住机遇，建设智慧林业信息化管理系统，利用数智技术提高依法治林、科学管林、预警响应水平。应急处置和基础保障等林木智慧管理能力，有效预防和积极补救可能发生的林木灾害，保护林木资源和人民群众的生命财产安全。智慧林业是充分利用新一代信息技术，如物联网、移动互联网、大数据、云计算等，通过感知化、物联化、智能化的手段，形成林业立体感知、管理协同高效、生态价值凸显、服务内外一体的林业发展新模式。其中物联网技术是智慧林业建设的关键技术。

其次，利用物联网筑起林木安全的智慧防护网。利用物联网技术的林木生长监测防治系统主要由五个模块构成，可以分成三层。第一层是关于数据采集，系统首先收集森林林木资源的现状信息以构成基础数据库，如生长状况、生长环境等；第二层公共信息平台，主要实行信息和林相图的管理整合；第三层针对应用，以用户不同需求以及业务板块为基础建设个性化的用户系统。其中，五个模块分别是微处理器、摄像头、储存器、通信和无人机。

利用物联网技术，植保人员可以通过网络远程监测需要的林木的各种信息，如树龄、胸径、树高等。植保人员通过这些信息判断树木的生长情况和趋势，再将采集到的各种信息无线传输到数据库。数据库的这些信息可以被农机人员利用，从而分析出林木一段时间的长势和病虫害的情况。因此，林木生长监测防治工作中的许多问题因为物联网技术的运用而得到解决，减少了大量的人力成本，也显著提高了工作效率。

在全国范围来看，浙江的林业信息化建设发展迅速。浙江省在2018年底便建成智慧林业信息化管理系统，存储了1600多万条有效数据，其中包括森林防火、野生动植物、有害生物、木材运输等信息，与其他数据平台互通互联。浙江省主要探索了三个方面，第一个方面是创新病虫害等有害生物的防治。基于机器学习及图像识别技术，一旦发生有害生物的入侵，智能虫情测报灯便会提醒植保人员。第二个方面是对森林火警的智能识别。同样是以高清视频图像监测、图像识别、DCNN等技术为基础。第三个方面是试点"智慧林"。通过物联网、RFID及无线传输技术，对林木生长环境及生长状态进行智能化监测与管理。

第三节　数字技术提升乡村应急防灾能力

气象灾害是制约乡村发展的一大因素。发达的气象防灾减灾技术对美丽乡村建设至关重要。我国的气象灾害监测站网近年来正在稳步建立，灾害预警能力也在随之增强。人工智能技术能够帮助乡村在此基础上进一步提升气象监测的精细化和灾害预报的准确性。同时，智能气象平台也将应用于数据综合分析、自动报警与预测灾害等领域，为决策人员提供更加清晰准确的可视化数据。

在诸多自然灾害中，由气象引发的灾害已超过70%。在全球变暖和极端天气日益增加的大背景下，气象灾害风险正在急剧增加，气象灾害的强度和发生的频率也呈恶化趋势。气象防灾减灾技术能更好保护人民的生命财产安全，同时关乎经济社会的稳定发展，是国家综合防灾减灾救灾体系的关键部分，更是国家治理体系与治理能力现代化的良好体现。气象防灾减灾的重要性不言而喻，其复杂性和变化风险都需要得到及时的关注。

我国的乡村防灾减灾体系的建设正在不断推行并完善。通过开展"灾害性天气'最后一公里'建设"及"农村安居工程"等气象灾害监测与预警工程，我国的四位一体"海陆空天"气象灾害监测站网成功构建，基本清零了气象灾害监测盲区。在信息发布方面，我国也做到了将16个部门的76类突发预警信息横向汇集，并从国家到县级层层衔接，目前已经能做到1分钟内通知受影响地区负责人，3分钟内传达应急联动部门，10分钟内速达所有关联个体和社会媒体的快速响应。

进步的同时，气象防灾减灾能力的严重城乡差距是我国面临的一个问题。与城市不同，乡村生活与生产集中围绕自然与气候。乡村对气象灾害更加敏感，也因此更加面临着脆弱性和抵抗力低的问题。然而我国的防灾减灾体系越到基层运行得越缓慢，许多乡村地区还是存在不设防的问题。因此，积极利用数字化进程，用数字技术与赋能进一步优化乡村气象灾害监测与精准"智"理是提升我国乡村防灾减灾体系的重要契机。利用人工智能技术科学分析与订正数值模式和观测间的误差，我们能为农业生产提供更精准及时的气象预报和数据资料。

近年来，我国推进了多种气象监测手段，建立了"海—陆—空—天"气象灾害监测站网并已经开始开展数字技术在气象监测领域的应用。比如，利用图像识别技术识别台风、龙卷风、雷暴等天气的雷达图，实时监测气象数据的异常，观测数据质量控制，卫星同化等，大大提高了气象观测的科学性。

作为实现准确天气预报的有力工具，智能气象预测技术与平台对我国气象防灾减灾至关重要。一个有效的应用案例就是国家正在运行的可视化监控管理平台。基于互联网、云计算与大数据，该智能系统能够进行灵活的自我感知、判断、分析与行动。我国的这种气象系统能够根据自动气象站和卫星数据对整体气象，以及突发气象灾害进行重点的监控与观测。智能气象预测系统的第一大优势在于能够给予农业生产充足的时间应对气象灾害。比如，农民可以依据精准的气象预报和气象灾害高低风险区划分有计划地开展农业活动，整理出一套针对地域气象的农业气候资源。并且通过参考多样的气象信息，农民还可以提前知晓适宜生长的农作物，在综合经济效益后选择风险低、效益高的农产品种植，以此提高农村的经济发展，乡村振兴。例如，洪灾风险大的年份可以选择喜水抗涝的水稻种植，而旱灾风险大的地区可以选择谷子、小麦等抗旱作物种植，最大限度地利用好气象资源，提高农业农村高质量生产能力。智能气象预测系统的第二大优势在于能够利用观测的数据为乡村地区降水和风设立相关指标，并为气象灾害的相应理赔工作提供更加科学，符合实际的划分。保险服务和农业气象灾害理赔标准的进一步完善能够降低气象灾害对农业农村生产造成的破坏，提升气象负责地区的农业竞争力，对乡村振兴事业有着重要意义。

广东省阳江市利用大数据技术在现代化气象灾害治理方面取得了突出成就。广东省阳江市位于沿海地区，海洋性气候明显，且在夏季和秋季常受到热带气旋大的影响，容易发生洪涝灾害和台风灾害。农村地区更是由于交通和信息闭塞受气象灾害影响严重。在诸多灾害的威胁下，阳江市开始依托大数据及智能系统，率先建立了极具代表性的突发事件预警信息发布中心、多向互动数据空间和无缝隙遥感大数据整合机制，从两个方面优化了对气象灾害的治理。

1. 灾害信息收集方面，通过专用传感器和多用途传感器上传的灾情信息能够依托大数据的巨量数据处理能力被快速分析。自动监测站点的建立帮助阳江市实现了气象灾害信息的共建共享，为地方灾情提供了专业的信息；包含 GPS、智能手机、电子显示屏在内的大量民间多用途传感器的整合成了收集气象灾害信息的新力量。民众在接受气象灾害有关信息的同时还能作为气象灾害现场和实时信息的发布者，助力政府防灾减灾。

2. 灾害信息发布方面，大数据帮助阳江市拓宽了信息发布的渠道与模式。通过社交媒体，偏远地区的农民也可以及时通过手机获取相关信息，及时反应以减小财产损失。同时，手机和大数据技术的应用扁平化了政府与民众之间的信息交流方式，提升了气象信息在乡村发布与流通的效率，实现了气象灾害信息发布的全覆盖。在抵御 2013 年台风"尤特"、2016 年台风"彩虹"与 2017 年台风"南玛都"等多次台风灾害的过程中，大数据预警协同机制都及时向民众传达了灾情信息，为政府部门和民众争取了宝贵的应对时间。

然而，现阶段的气象观测和防灾减灾技术还不足以充分应对我国复杂的气象以及地理情况，气象监测平台和防灾减灾综合决策都还需要得到新的调整与提高。现阶段技术瓶颈的突破口主要在以下几个方面。

1. 聚焦关键点，对其进行更加清晰的视频监测。

2. 针对 4G/5G 等网络信号较差或不稳定的乡村地区，利用卫星信道代替网络进行视频信号的传输。

3. 利用 GPS 或北斗终端实时显示一线人员所在位置，为应急指挥提供科学依据。

4. 综合利用数据挖掘与机器学习技术，通过大数据处理设计新型气候模式，进一步优化预测结果，精准化气象灾害预测。

第四节　数字技术维护乡村良好人居环境

良好的人居环境不但可以有力吸引青壮年回到乡村地区生活和发展，还有利于乡村地区的建设。因此，利用数字技术全面改善乡村地区就业、教育、医疗、家居等多个方面从而提升居民生活水平和生活质量，对于建设美丽乡村和实现乡村振兴都至关重要。

在建设美丽乡村的进程中，提升乡村人居环境治理水平对于提升居民幸福感和满足感至关重要。随着数字化平台的引入，政府的监管能力逐步加强，有效提高了乡村地区废弃物处理效率和管理能力，为打造有序化、流程化、标准化，以及精细化的乡村人居环境治理奠定了基础。

建设美丽乡村不仅需要打造良好的乡村环境，更要在发展乡村经济的同时建设宜居乡村，将生态资源转换为带领村民致富的富民资本，将已有的生态优势转化为经济发展优势，形成乡村地区人与自然和谐共处、经济发展与优美环境并存的局面。这需要科学的认识和掌握经济发展与生态环境之间的辩证关系，转变发展思路，改变发展方式，推动经济与生态共同发展；充分发挥市场在资源配置、外部性调控、行为激励等各方面的重大作用；推动发展生态补偿机制、产权相关制度、治理体系等，努力形成经济发展与环境保护相互促进、共同发展的局面。由中共中央、国务院印发的《乡村振兴战略规划（2018—2022年）》中提到"持续改善农村人居环境""以农村垃圾、污水治理和村容村貌提升为主攻方向，开展农村人居环境整治行动，提升农村人居环境质量"。可见处理和治理乡村地区废弃物的重要性。

从自然资源本身的属性来看，相较于城市垃圾，乡村地区废弃物的可回收率更高，更容易实现垃圾的分类减量。从组成成分上看，乡村地区废弃物中所含的有机物占比较高，并掺杂一定量的秸秆、化肥、畜禽粪便、农药、农膜等物质，这些物质对环境的危害性通常高于城市垃圾。若无法对乡村地区产生的废弃物加以有效治理，其释放的有毒有害物质有很大可能会渗入土壤，导致珍贵的土地资源遭到破坏，甚至通过空气、水体等媒介进行传播和扩散。例如，废弃物产生的渗滤液可能导致土壤中部分有益微生物死亡，或改变土壤原有的性质和结构、阻碍植物正常的生长发育进程，最终导致土壤肥力大幅下降，从而对农村地区的生态环境乃至经济效益造成极大破坏。此外，渗滤液还可通过地表径流等方式进入河流湖泊等水体，导致饮用水水源的污染，使城乡居民用水安全受到威胁。

由于废弃物处理不当导致的大气污染现象同样需要高度重视。若农村废弃物持续露天放置，其所含的细颗粒物、粉尘污染物等可伴随空气流动扩散到更远地区，部分细颗粒物甚至可以在进入大气层后作为催化剂，催化PM2.5、PM10等大气污染物形成，导致空气质量下降。此外，由于乡村地区产生的废弃物富含有机物，在一定的温度和湿度等条件下还可能发生一系列生化反应，释放出沼气，导致全球变暖速度加快。

目前，我国乡村地区环境治理水平仍需提高，而数字技术的推广和应用也为乡村地区的环境治理带来了新的机遇。利用数字化平台可以对监测到的数据进行分析和整理，辅助制定相关治理方案、提高治理效率和治理质量，科学有序地推动乡村治理工作的进程。此平台系统包含环境数据、环境监测、问题反馈、预警等多个模块。打造便捷且高效的信息感知系统和数字化应用系统，提高环保领域数字化建设的整体效益和规模效益。

数字化平台将大数据、遥感、物联网等技术进行有效结合，收集空气质量、气象信息、污染源信息等内容，利用统计和数学模型，对所得数据进行高效、科学的分析和管理，建立全面的覆盖范围，实现各个方面、各个层次的智能化监测，从而高效、无误地传递环境信息。数字化平台改进了原有的环境治理模式，为环保部门实现精细化管理提供了条件。

浙江省德清县将数字技术引入政府环境治理，在乡村环境治理进程中开辟了一条智慧道路。"一图一端一中心"是德清县著名的乡村数字管理平台。"一图"指的是"数字乡村一张图"，通过这张图，管理人员可以实时掌握全村动态，并随时检测环境情况，及时作出更为科学的决策，其中提升信息时效性是实现环境可持续发展的重中之重；"一端"指的是开发面向群众的便民利民服务端口，村民可以通过该App便捷吃穿住行；"一中心"则指的是构建一个推动乡村全方位发展的数字治理平台中心，其中包括数据融通、跨域联动、平急结合等多个功能，实现乡村治理数字化的全方位发展，构架完整的网络体系，提高办理政务的效率，方便村民的生活。该县的数据治理沃土计划便是乡村数字治理环境的优秀案例，通过该计划，相关部门收集近9亿条数据用以排查火灾隐患、解决水域环境等环境问题，在环境治理方面卓有成效。

案例篇

- 综合发展类
- 产业振兴类
- 乡村治理数字化
- 乡村绿色发展数字化

第十二章
综合发展类

第一节　北京平谷：科技赋能，打造智慧农业标杆

北京平谷区，作为首都的重要一环，正积极响应习近平总书记关于数字经济发展的重要论述，全力推进数字城乡建设和数字产业化，为北京建设国际数字经济标杆城市添砖加瓦。近年来，平谷区以首都发展为统领，紧扣"三区一口岸"功能定位，不断加快数字技术与经济社会发展的深度融合，数字经济增加值占GDP比重在生态涵养区中名列前茅，城乡数字治理能力显著提升。如今，平谷区智慧城市和数字乡村协同治理的城乡大脑建设初见成效，以数据共享、数据服务、数据创新为核心的高效数字政府和数字社会治理模式逐步形成，有效支撑了政府治理和民生服务的数字化普惠化。

一、数字赋能，现代种业焕发新生

平谷区深刻认识到，未来农业的发展离不开数字技术的赋能。为此，平谷区以建设北京平谷国家现代农业产业园（畜禽种业）为抓手，以种质数据资源为基础，建设数字种质库，锁定一批目标性状突出、综合性状优良的基因资源。通过加强基因组学、基因编辑等前沿技术的应用，平谷区成功育成一批动植物优良新品种（系），为农业生产的提质增效奠定了坚实基础。

同时，平谷区还积极推进农作物等种质资源的数字化动态监测和信

息化监督管理。围绕大数据平台，平谷区开展动植物表型和基因型精准鉴定评价，深度发掘优异种质、优质基因，为品种选育提供大数据支持。这一举措不仅提升了品种选育的精准度和效率，还为国家健全种子管理体系提供了先进的数字种业系统支撑。

二、智慧农业，引领产业创新发展

在智慧农业方面，平谷区同样取得了显著成效。聚焦农业智能装备、农业传感器与测控终端、农业软件与信息服务业等领域，平谷区实施智慧农业培育工程，依托数字技术促进农业创新链、产业链精准对接。通过发展农业智能生产装备、农业智能机器人等智能农机装备，平谷区探索推进适应性好、性价比高、可智能决策的新一代农业传感器的标准化、产业化，打造农业数字产业集聚高地。

此外，平谷区还注重提升数字农业软硬件支撑能力。通过建设平谷数字农业联合创新中心，支持各类市场主体在平谷区探索立体化的农业资源环境信息感知技术系统集成模式。联合市场主体共建农业资源环境信息获取与智能服务综合平台，提升农业资源环境监测与数据服务能力。这些举措为智慧农业的发展提供了有力支撑。

三、生产端数字化，赋能农业新生态

在生产端数字化方面，平谷区也取得了重要突破。通过加快建设平谷数字农业联合创新中心，平谷区支持各类市场主体在区内探索立体化的农业资源环境信息感知技术系统集成模式。这一模式的推广和应用，使得农业生产者能够更加精准地掌握农业资源环境信息，从而做出更加科学的决策。

同时，平谷区还联合市场主体共建农业资源环境信息获取与智能服务综合平台。这一平台的建立，不仅提升了农业资源环境监测与数据服务能力，还为农业生产者提供了更加便捷、高效的信息服务。通过这一平台，农业生产者可以实时获取农业资源环境数据，为农业生产提供科学依据。

为了进一步推动生产端数字化的发展，平谷区还联合北京益谷检测科学研究院、赵春江院士团队开展设施农业数字化规划课题研究。通过这一课题的研究和实践，平谷区成功推动布局建设一批示范型智能温室、植物工厂、无人农场、数字田园和未来果园。这些示范项目的建设，不仅为农业生产者提供了更加先进的生产技术和设备，还为农业生产的提质增效树立了新的标杆。

四、销售端创新，线上线下融合新模式

在销售端数字化创新方面，平谷区也作了积极探索和实践。依托平谷区电子商务服务中心，平谷区对接各类头部电商平台，大力推广农产品电子化交易和直播带货等"互联网+新零售"模式。通过这一模式的推广和应用，平谷区的农产品销售实现了线上线下的有机融合，为农业生产者提供了更加广阔的销售渠道和市场空间。

同时，平谷区还注重发展三产融合的乡村经济新业态。通过不断创新线上线下相结合的农产品及周边衍生品销售新模式，平谷区成功打造了一批具有市场竞争力的农产品品牌。这些品牌的打造和推广，不仅提升了农产品的附加值和市场竞争力，还为农业生产者带来了更加丰厚的经济收益。

为了进一步强化销售端数字化创新的效果，平谷区还注重强化大数据统计、分析及电子商务服务资源整合。通过引导全区生产种植结构调整，平谷区实现了产销精准高效对接。这一举措不仅提升了农产品销售的精准度和效率，还为农业生产者提供了更加科学、合理的生产指导和服务。

五、数字农业检测体系，保障品质与安全

在数字农业检测体系方面，平谷区也取得了重要进展。通过加快建设北京益谷检测科学研究院，平谷区深化与SGS、CQC等知名机构的合

作，聚焦农业环境传感和动植物生命信息感知等便捷化检测技术。综合运用区块链、大数据等技术，平谷区成功构建了农业检测和溯源体系，为农产品的品质和安全提供了有力保障。

同时，平谷区还注重加强高精度、便携式、自动化检测技术研发。通过探索农用地土壤修复、水体修复等新型污染修复技术，平谷区不断推进生态功能恢复和环境保护工作。这些举措的实施，不仅提升了农产品的品质和安全水平，还为农业生产的可持续发展奠定了坚实基础。

六、案例启示：智慧农业显成效

华都峪口禽业有限责任公司的智慧育种项目和峪口镇的智慧果园项目成为平谷区数字农业的亮丽名片。智慧育种项目打破了国外技术垄断，将家禽种业"中国芯"牢牢掌握在自己手中。通过深度融合应用物联网、移动互联网、大数据、云计算等现代信息技术，该项目首创智慧蛋鸡物联互通模式，探索出蛋（种）鸡数字养殖技术集成应用解决方案。这一方案的实施，不仅提升了家禽养殖的效率和品质，还为全国数万养殖户带来了增收致富的机遇。

峪口镇的智慧果园项目则引入了人工智能、大数据、机器人、遥感等新兴技术。通过这些技术的应用，果园实现了"电子眼""机械手""智慧脑"的全方位呵护，使大桃的品质和产量得到了显著提升。同时，该项目还大力发展"互联网＋大桃"模式，使北京市民和天南海北的人都能第一时间品尝到平谷鲜桃。这一模式的推广和应用，不仅提升了大桃的品牌价值和市场竞争力，还为农民增收和生态环境改善作出了积极贡献。

平谷区的这些成果不仅促进了农业增效和农民增收，还提升了农产品的品牌价值和市场竞争力。这一经验对其他区域在推动数字经济和智慧农业发展中具有重要的借鉴意义。它彰显了数字化转型在提升生产效率和环境可持续性方面的关键作用，为其他区域提供了可借鉴、可复制的经验和模式。未来，平谷区将继续深化数字技术在农业领域的应用和创新，推动智慧农业向更高水平发展，为农业生产的提质增效和可持续发展作出更大的贡献。

第二节 广东徐闻：数字化"菠萝的海"的高质量发展

徐闻县地处雷州半岛，三面环海，与海南岛隔海相望，是通往海南必经的咽喉之地；徐闻县土壤肥沃，气候适宜，自然环境优越，是中国菠萝主产区、中国菠萝种植第一县，单产水平也在全国位列榜首，素有"菠萝的海"的美称。徐闻县也是全国重要的农海产品生产基地、国家现代农业示范区。近年来，徐闻县积极探索徐闻菠萝产业数字化发展模式，在数字化技术助力之下，发力生产和市场两端，走出了独具特色的以乡村特色产业发展为引领的乡村振兴道路。2021年，徐闻县委被评为"广东省乡村振兴先进集体"。2022年，徐闻县还上榜"全国乡村振兴百强县"。

一、"互联网+农业"创新模式

1. 推进"互联网+农业"创新模式。徐闻县深入推进"12221""互联网+农业"创新模式建设，包括运用大数据建立"1"个农产品数字化网络平台，并建立和训练出系统的销区采购商与产地经纪人"2"个团队，以进一步打造销区和产地的"2"个大市场，策划采购商走进产区和农产品走进大市场"2"大类型活动，实现优良品牌打造、销量稳步提升、市场有序引导、农产品品种改良、农民"智慧"增收等"1"揽子目标，充分发挥特色农业优势，推进城乡融合发展。

2. 实施农村电商高质量发展工程。徐闻县积极响应中央一号文件的号召，推进县域电商直播基地建设，发展乡村土特产网络销售。成立"线上+线下"的广东农产品采购商联盟。其中联盟的成员来自五湖四海，涵盖超市、农产品批发市场、农村电商销售平台以及餐饮连锁等，通过采购商组织化、"线上+线下"的方式，搭建产区与销区的桥梁，开展各类产销对接活动，还能细分产区、销区，组建作物联盟。

3. 建设农产品大数据平台。徐闻菠萝大数据系统在 2019 年投入运行，打造"菠萝交易网"的产销大数据微信小程序，涵盖农户数据、全国水果市场档口数据、全网水果电商数据等，实现一图读懂、日日更新、周周总结。2020 年，徐闻菠萝的大数据平台在疫情特殊时期，依然达成菠萝销售额近 1 亿元，徐闻菠萝售出万余吨。2021 年，徐闻菠萝的大数据平台已经处理全网水果电商数据近 5000 条，中国水果市场数据 1 万余条，农户数据 1.5 万余条。大数据平台不仅可以指导农事生产，还能提升预测预警能力，划分农产品等级，促进农产品销售，进一步实现农产品优质优价。

4. 利用数字化技术提升农业生产效率和服务水平。徐闻县通过智慧 AI 技术、高度智能化气象站等设施，实时监控土壤、温度、病虫害等情况，提高生产种植的精准度和效率。同时，数字化支持线下采购商的服务优化，通过为采购商提供住宿保障、防疫物资、大数据信息服务等配套服务，优化营商环境，促进产销对接。徐闻在菠萝销售上市期间，为外地菠萝采购商提供了暖心的免费住宿服务。

5. 开展数字农业培训。徐闻县培育"网红"及数字农业人才，组织网络直播高手到田间地头进行直播带货，培养既能种植又能销售的"双栖新农民"。"菠萝姐姐"、"菠萝妹妹"和"鲜切菠萝小王子"都是农产品推介人才，广东"12221"通过"线上农讲所"提供众多助农数字平台，为广东百万农民提供线上培训工程，动态培育农村数字化人才，成为菠萝产业当红 IP。

二、创建数字农业高地

1. 创建数字农业高地。表现在以数字化技术手段引领传统农业功能的田头小站建设为抓手，促进菠萝产业数字化融合，升级农产品冷链物流设施建设，"六新"示范区建设和数字农业新高地创建。田头小站以农产品仓储保鲜冷链物流设施工程为中心，主要具备十项功能，即农业数据化、农业农村相关法规宣传、仓储冷藏保鲜、农产品深度加工包装、直播带货、农业新技术示范推行、农民创业培训、农产品集散、连接农业金融服务、农业生产经营信息（产品发布、农业技术和政府惠农政策等）发布对接。通过田头小站培育新兴增长点，有序推动农产品全流程、全产业链数据化建设，加快甜度测定、农残检测等环节的科学测评，推进标准化生产，让农产品质量安全更有保障。田头小站是农业产业大数据重要载体之一，广东以此为抓手，加快农产品上行，加速乡村发展，加快农业产业数字化，促进农业产业化转型升级。

2. 创建徐闻菠萝"六新"示范区。即通过培育推广懂技术会经营的新型职业农民、新兴的数字技术、崭新的农业模式、全新的品种、新型的农业装备新品种、新型的农产品市场营销，系统化、全方面促进农业产业科学合理地发展。田头小站是"六新"示范基地推广展示的载体，以"六新"示范基地的建设为重点，对产业生产端进行升级，既解决了市场对农产品的需求和对农产品品质的需求，又帮助生产端实现有效的农产品上行。徐闻以田头小站为抓手，重点抓好菠萝"新品种、新技术、新装备、新模式、新营销、新农人"的"六新"种植示范基地，通过标准化种植推动菠萝品质管控提升；实施农产品质量安全保障工程，加强菠萝溯源体系建设，积极打造区域公用品牌，提高徐闻菠萝的认可度和美誉度，不断提升品牌竞争力，推动徐闻菠萝产业发展壮大。

3. 建立菠萝全链条数字营销体系。广东农垦下属广垦农业发展公司与阿里巴巴数字乡村合作，联动菠萝产地运营中心开展全渠道产销对接，促进湛江菠萝销售，提升企业品牌和产品价值，根据长线与短线相连接、重点与全面相结合的发展逻辑，拓宽电商产销对接渠道，细化电子商务营销体系，积极引导企业等市场关键主体积极参与，进行资源整合，开展协同创新，实现线上线下融合发展。

4. 提升品牌影响力。创建徐闻菠萝高端品牌"红土金菠"，依托阿里巴巴天猫、聚划算等电商促销平台，淘宝直播平台，其他导购平台、社交渠道，以及"6·18""双 11"等重要销售节点进行在线活动营销方案的制定并执行相关方面重点工作。采取多种营销手段，建立并加深与消费者的交流，扩大产品和品牌接触面，提升销售、锁定用户。设计一整套完整、高效、可靠的区域公用品牌建设解决方案。对徐闻菠萝高端品牌进行整体塑造，助其快速提升知名度，产生差异化优势。同时，运用相关技术实现农产品的产品溯源达到单果生产可追踪、品质可溯源的高标准要求，提高品牌知名度和影响力，吸引了更多消费者的关注和购买。

5. 产业兴旺带动新农人返乡创业。在乡村振兴建设中，人才是重要支撑和动力源泉，"新农人"是徐闻县乡村振兴中人才的主力军。广东农垦湛江垦区通过产学结合的方式提供实训基地与系统化的指导和培训促进乡村就业创业，吸引青年"新农人"返乡创业就业。例如，"90 后""新农人"魏仕旗，他在 2018 年决定辞职返乡创业，结合家乡的产业特色，通过直播、电商等销售渠道帮助家乡的果农们走出水果滞销的困境，并在政府相关政策与数字化技术支持下成长为一名具有代表性的"电商新农人"。2018 年至今，魏仕旗对家乡的特色农业产业发展做出了重要推动，光菠萝就已经销售了 330 万斤，还创建鲜切菠萝厂，借助湛江菠萝产地运营中心供应链把鲜切菠萝卖到盒马和大润发等高端渠道。

6. 应用推广 AI 技术。徐闻县推出了 AI "菠萝君"，这是一个大数据驱动的智能平台，用于解决菠萝种植、保鲜、加工、物流、宣传和营销等问题。通过这种方式，徐闻县将数据要素与农业全过程有机融合，推动了农业的数字化和智能化。

三、案例启示：全面的战略规划的重要作用

为保证菠萝产业高质量发展，徐闻县制定了全面的战略规划，按照产业规划目标和"12221"市场体系建设蓝图，依托农业农村特色资源，进一步发掘乡村内多元价值、使农村迈向一二三产业融合发展、开

发农业多功能性、振兴乡村业态、补齐短板和弱项、树立品牌形象，促进农村产业的整个产业链条升级，增强资源获取能力和产业的可持续发展能力。

同时，徐闻县依托数字化赋能农业产业升级，发展壮大乡村产业，构建了一二三产业融合发展的现代化农业产业体系。这包括发展菠萝加工业、乡村服务业，以及通过创建电子商务协会和青年互联网创业园等措施，促进乡村信息产业的发展。

徐闻县重视数字化赋能与人才培养。徐闻县重视数字经济在农业发展中的作用，通过培养具有现代化管理和技术知识的新型农业从业人员（新农人），推动农业生产的现代化和数字化。这些新农人利用互联网、大数据、区块链、人工智能等技术手段，提高了农业的生产效率和市场竞争力。

第三节　江苏东海：数字化转型与治理创新

江苏省连云港市东海县位于江苏东北部，是全国首批沿海对外开放县，全国农村综合实力百强县，2020年获首批国家级数字乡村建设示范地区。基于数十年的数字经济成果，东海县的数字乡村发展是循序渐进、水到渠成的必然路径。早在2010年前后，在阿里公司推动下，"淘宝村"就已经在东海县发展得如火如荼。根据阿里研究院数据，2022年东海县有12个淘宝镇、21个淘宝村。在产业数字化方面，东海县位居全国"2022年度县市电商竞争力百佳样本"榜单第39位，中国东海水晶城在"2022第十一届（杭州）新电商博览会"上获得"2021年度优秀直播电商基地奖""2021年度最有影响力跨境电商平台奖"。东海县依托水晶产业，与第三方电商龙头企业合作，销售水晶的店家已达3万余家，带动7万多劳动力就业。

在此基础上，东海县重点推动了数字产业化发展，集聚数字资源，联通数字网络，构建数字场景，建设完善农业现代化物联网信息系统，其中核心区农业物联网覆盖率达到 90% 以上。目前，东海县已开展大数据中心、电商物流产业园、石湖乡智慧乡村工程、农高区产业园、都市四季果园、跨境电商交易中心等项目工程。

自 2020 年数字乡村试点建设以来，东海县依托现有数字经济产业优势，推进乡村数字治理稳步有序进行。"数字下乡"进程深入人心，县辖区内村镇居民掌握基本数字化技能，保持较高数字化素养，培养一大批具有专业知识的技能型人才，数字治理真正融入了村民生活。

一、乡村数字化治理新思路

在东海县石湖乡，数字乡村治理通过"高清探头 + 数据中心 + 大屏幕"为乡村治理数字化奠定设施基础；以"综合指挥 + 一村一屏 + 网格全覆盖"模式精细覆盖村域，推广先行经验；将"数据中心 + 机顶盒 + 小屏幕"融入村民生活，打通数字服务治理最后一米。从数字乡村治理到数字乡村"智"，东海县的数字乡村建设没有悬浮在县域层面，而是真正落地，惠及了辖区内的每一户居民，构建出乡村数字化治理新思路。

1. 顶层设计和系统集成。东海县制定了明确的数字乡村发展规划，通过强化顶层设计和系统集成，形成了"1 + 3 + N"规划体系，即一个数字平台整合运行，"三农"与数字技术深度融合，多个应用场景全面推广，实现了农产品质量追溯管理、耕地质量监测、农机智能监测等，为农业生产提供了实时的监测和管理，提高了生产效率。

2. "网络 + 网格"双轨共治。东海县通过推动以云祥村、兴旺村等村网信工作站为试点的"镇—村—网格"三级网信工作体系建设，实现了线上线下相结合的网络治理模式。这种模式不仅提高了治理效率，还增强了居民的参与感和满意度。石湖村借助智慧广电乡村工程，打造"高清探头 + 数据中心 + 大屏幕"筑牢乡村治理数字化基础，在村内积极开展"智慧乡村"工作。村内的主要道路口及重要场所均铺设安装了光纤宽带、高清监控探头、高空瞭望球机、户外大屏等设备，并将设备与数字屏幕连接,将数字化有效融入乡村治理。数字屏幕动态显示的信息囊括了乡村公共治理的绝大部分内容。从石湖村基本社情简介到村民疫情防控,从道路安全监控到田地火情监控,从学校安全监测再到工厂生产运营,确保村部对村里的大事小情了解清楚,反应迅速。

3. 智能化服务提升。东海县利用互联网、物联网、云计算、大数据等技术,推动了水利、公路、电力等乡村基础设施的网络化、数字化、智能化改造。这些技术的应用大大提高了乡村治理的精准度和效率。以东海县石湖乡石湖村"智慧乡村"建设为例,建设"石湖"乡级社会治理综合指挥平台,自下而上在全乡范围内推动乡村治理数字化建设,逐步构建现代化治理体系。目前,"智慧石湖"平台已经开通包含美丽乡村、平安石湖、政务服务、三务公开、便民服务、教育天地等多功能板块。平台还将与上下游平台和各类商务信息源对接,推进乡村两级"1+11"视频会议模式上线,推进"直播带货""移动电商"等电子商务服务平台接入,形成覆盖乡村、可管可控的智能化覆盖体系,全面提升数字化程度。通过数字化平台,开通多项惠民板块。将智慧屏幕与电视手机相结合,在家中,村民通过手机及电视就可以实现社保、水、电、燃气费等生活服务费用的查询和缴纳。村民也可以通过手机、电视收看政务服务的办事指南,根据提示携带材料去为民服务中心办理相关业务,真正实现村民办事"最多跑一次",提升办事效率。

4. 数据资源平台精准共建共享。东海县依托电子政务外网和全省大数据共享交换体系,规划设计了农业农村大数据云平台。这一平台的建立有助于数据的共享和利用,促进了乡村治理体系的现代化。"综合指挥+一村一屏+网格全覆盖"提升基层治理精度,数字化与网格化结合,使社会治理和服务向基层下移,信息的流通交互变得更便捷,村务工作者能精准发现问题及时予以解决。网格化管理使乡村治理走向精细化、精准化,而数字化进一步提高了网格处理的效率和水平,为村务工作者提供了及时、全面、准确的工作信息。

5. 数字农业技术装备研发应用。东海县加强了数字农业核心技术的研发和应用，如农业物联网管理服务平台的建设，以及数字农业技术装备的研发。这些措施有助于提高农业生产的过程管理和产品质量。东海县利用数字技术改进乡村治理，如通过数字平台进行村务公开、便民服务等，提高了治理效率和透明度。

6. 乡村教育信息化和数字技能培训。东海县推进了乡村教育信息化的建设，如数字校园、智慧校园等，提高了乡村教育的质量和可访问性。注重培养和提升乡村人才的数字技能，通过培训主播、电商等新型职业人才，为数字乡村建设提供了人力资源支持。

7. 乡村网络文化建设。东海县利用互联网宣传社会主义核心价值观，开发具有地方特色的文化网络视听节目，丰富了乡村网络文化生活。"数据中心+机顶盒+小屏幕"提升基层服务能力，"智慧乡村"平台通过区域电视门户，实现各类场景和业务的开放接入和集中承载，最终实现本地信息要素在电视端和手机移动端的聚合和显现。"有线无线融合、大屏小屏互动"，提升了乡村资讯和本地便民信息获取效丰富了党委政府宣传服务渠道，提升乡村公共文化服务的数字化水平，支持乡村题材网络文化内容的创作，鼓励农民参与网络文化作品的创作和供给，加强对农村地区网络文化内容的监管，维护乡村网络空间的清朗秩序。

8. 数字治理提升行动。东海县实施了乡村数字治理提升行动，包括"互联网+党建"、乡村治理数字化水平的提升等，这些措施旨在提高乡村治理的现代化水平和居民的获得感。东海县石湖村数字化大屏幕，看似只是将村务信息进行可视化改变，却是"数字+"思维在乡村治理领域中的探索应用。这是基层深入推进互联网思维和技术，破解乡村治理痛点的积极探索，也是基层依托数字技术和平台，构建更高效、更便捷、更精准政务服务体系的尝试。只有依托更多数字化手段，瞄准群众对服务型、高效型政府的需求，才能解锁更多数字便民、数字惠民的"智理"密码。例如，石湖村数字化平台让村内的信息公开化透明化，村民能实时查看监督村务、党务及财务状况，落实村民的知情权、参与权、表达权及监督权。依托"智慧乡村"平台，导入人大换届选举流程、选举各阶段注意事项、换届宣传视频等，村民在家中也能够通过电视板块参与人大换届选举，极大保障了村民的政治权利。

二、乡村经济的多元化和可持续发展

东海县在数字乡村治理方面取得了显著的成效，体现了其在推动乡村数字化转型中的创新和努力，不仅提高了农业生产效率和生活条件，还促进了乡村经济的多元化和可持续发展。

1. 提升农业生产效率。通过数字技术的应用，东海县实现了农业生产环境的实时监测和管理，有效节省了水资源，减少了人工成本，同时提升了农产品质量。

2. 促进乡村经济发展。东海县的数字乡村建设推动了乡村经济的转型升级，如通过电商平台拓宽了农产品的销售渠道，增加了农民收入，提升了乡村经济发展水平。作为国家级数字乡村试点地区中的"智慧乡村"试点地区，东海县石湖乡石湖村 2021 年人均纯收入达 2.772 万元，获"先进管理村一等奖""江苏省先进村""江苏省文明村""省级十佳村""农村自来水管理先进单位""先进基层党组织"等多项荣誉。

3. 提高乡村治理效能。数字技术的应用提高了乡村治理的效能，如通过数字平台进行的村务公开和便民服务，增强了村民的参与感和满意度。建成不久的数字化设备在广大村干部手中得心应手，数字化集成促进村级事务管理流程再造，基层治理新思路因此涌现，切实提升了基层组织在乡村治理中的效率。在过去，"上面千条线，下面一根针"，村子虽小，但需要村务工作者处理的事情千头万绪。数字化平台的建立，高效地整合了各类信息，使村务管理实现了智慧化发展。

4. 改善乡村生活条件。东海县通过数字技术改善了乡村生活条件，如数字化的管理系统提升了农村人居环境，建设了美丽宜居的乡村环境。

5. 获得全国推广。东海县的数字乡村建设经验获得了全国推广，其成功案例如《东海县数字乡村引领农村电商走进2.0》和《打造"物联网+农业"智慧平台助力乡村振兴》被中国网信网全国推广，成为可复制、可推广的典型经验。

三、案例启示：政策引导和顶层设计的重要性

1. 政策引导与顶层设计。东海县成立了数字乡村试点工作领导小组，制定了农业农村大数据平台建设方案，这显示了其在政策引导和顶层设计上的明确规划和行动。

2. 数字化与精准化服务协同发展。东海县在推动农村全面享受数字公共服务上做出了好的探索，以数字化手段推动乡村治理精准化，以精准化服务提升数字化服务水平，数字化与精准化协同发展，切实解决了数字化乡村治理中覆盖不全、应用率低等问题。一方面，通过数字化手段感知农村社会态势、畅通沟通渠道、辅助和加强农村资产、资源、生态、治安等领域的精准服务与管理。推动信息化与乡村治理体系深度融合，实现乡村治理精准化。基于数字化手段预测治理问题，促使基层干部科学决策并高效处理村民的实际诉求。另一方面，线上便捷化公共服务是数字乡村建设公共服务中最直接的反馈。对于数字技术无法覆盖到的村民个体，村集体建立完善的"帮办"制度、配备专门人员，作为普通村民与数字化治理系统的中介，补偿数字公共服务中的个体缺失，改善新技术在农村遭遇"硬着陆"的尴尬。在数字设备设计应用之初就将边缘群体包容在内，通过与相关部门沟通，将复杂的数字操作转变为更易接受的呈现方式，解决"数字接入鸿沟"的问题，帮助乡村边缘人群享受数字公共服务。

3. 强化乡村主体的数字乡村治理参与度。在数字乡村公共治理视角中，应大力引入先进科技，实现治理数字化转型，创新治理模式，提升治理能力。实行电子村务基层治理逐渐由单向度转为双向度、多向度，从而使农村的民主自治建设能力不断加强，大幅度降低基层治理监

管成本。在数字乡村建设进程中，村民不应是被动的数据提供者，而应是数据受益者。村民是具有自主性、能动性和创造性的行动主体。要通过乡村基层干部引领，以村民喜闻乐见的方式加强宣传，提高村民对数字乡村建设必要性和重要性的认识。只有真正激发了农民的动力，数字乡村建设才能获得持久的内生动力。

4. 推进跨区域远程互动。应充分打通县域数字框架和乡村精准数字治理之间的连接，通过网络能够实现快速和大规模的远程数据采集和分析，从而实现跨地域信息的集中管理和及时响应，有效地提升政府监管能力，这使相关基层治理信息资源数据库互联互动成为可能，而跨部门、跨区域资源得到统筹管理和综合利用，可避免资源闲置、浪费和重复建设。同时，可通过组织利用数字化技术远程融合发展，并根据本地乡村发展状况、区位条件、资源禀赋等，通过虚拟空间，打破空间和地域范围限制，复制数字化发展经验，拓展数字治理经验在落后地区的覆盖，形成全域内数字治理的互动发展与均衡发展。

第四节 福建安溪：数字"大脑"引领闽西南经济新飞跃

近年来，福建安溪县抓住"数字福建"建设的契机，依托数字福建（安溪）产业园，成功引入中科数遥、中关村领创中心、中科曙光等数字经济头部企业，构建了以数据中心和创新中心为核心的产业集群。这一系列举措不仅培育和发展了空天大数据、影视大数据和电子商务三大数据产业链，还极大地推动了安溪数字经济的蓬勃发展，使安溪成为闽西南的数字"大脑"。在新兴产业的强劲带动下，安溪GDP从"十二五"末的462.51亿元增长至2020年的747.63亿元，年均增长率达到7.3%。县域综合实力在全国百强县中的排名从第68位提升至第59位，并荣登全国农产品数字化百强榜单。

一、主要做法及显著成效

1. 数字技术引领产业转型升级。随着云计算和大数据技术的普及，安溪的传统产业如茶业和藤铁工艺实现了华丽转身。借鉴葡萄酒庄园模式，安溪创新推出了"茶庄园+"综合体新业态，不仅促进了茶产业向二、三产业的深度融合，还极大地丰富了产业链，提升了茶叶产业的附加值。如今，集茶叶、旅游、文创、休闲、养生于一体的茶庄园已成为安溪农民增收的新引擎。目前，安溪已拥有22家茶庄园，年吸引游客达120万人次，旅游年收入高达12亿元。数字福建（安溪）产业园的大数据技术更是为茶园生态管理插上了智慧的翅膀。例如，福建司雷植保技术有限公司的智能虫害防治系统通过田间设备收集环境数据、虫情数据，精准预测并主动防御病虫害，为茶园生态管理提供了有力保障。目前，该系统已惠及安溪、福鼎、政和等地10万多亩茶园。

2. 数字技术普及农业生产。数字福建（安溪）产业园的技术企业，如福建司雷植保技术有限公司，开发的智能虫害防治系统已广泛应用于安溪及周边地区的茶园中，显著提高了茶园生态管理的效率，受益茶园面积超过10万亩。

3. 数字技术助推特色产业振兴。安溪被誉为"世界藤铁工艺之都"。借助互联网和电商的东风，许多外出打工的青年选择返乡创业，开设网店销售藤铁工艺产品。在政府扶持政策和产业平台的助力下，尚卿乡灶美村的网店年销售额已突破3亿元大关，有力推动了乡村经济的蓬勃发展。2021年，安溪藤铁工艺品在电商平台上的表现尤为抢眼，行业市场份额占据全国的90%，并在淘宝天猫商家运营中心的百条产业带中增长速度位居榜首。

4. 数字技术加速新兴产业崛起。安溪以数字产业园区为核心，积极推进数字产业化进程，大力发展云计算、大数据和数字媒体等产业。2020年，园区内LED产业集群实现产值82.06亿元，税收1.48亿元，为安溪县的高质量发展注入了强劲动力。此外，园区还积极引进和培育光电、芯片等高新产业，集聚产业链上下游配套企业，形成产业集群效应。

5. 电商平台创新扶贫模式。数字福建（安溪）产业园除了提供专业的数据服务，还依托大规模、多等级数据中心吸引了50多家企事业单位入驻。2021年，安溪全县电商企业数量达到9092家，全年网络零售额高达268.34亿元，同比增长25.7%。围绕电商产业链条打造的弘桥智谷电商基地总投资7.5亿元，现有入驻电商企业及产品深加工工厂92家，年网络交易额近10亿元。2020年，安溪县入选"互联网+"农产品出村进城工程试点县行列。采用"基地+电商+扶贫"的创新模式成功建立了稻蔬基地和果蔬基地，带动贫困户通过电商平台销售农特产品实现增收致富。

6. 营商环境持续优化。近年来，安溪不断深化"放管服"改革，推出"集成服务套餐"和多项减负政策，大幅降低企业运营成本。同时推行"一窗通办、一日办结"的高效服务模式极大提升了企业开办效率。此外还大力推行"1+N"人才政策体系引进并留住高端人才为产业发展提供坚实的人才支撑。

7. 交通网络和基础设施不断完善。安溪县大力发展"大交通"公路网络，建成4条高速公路并完成700千米农村公路的提级改造，使90%的建制村通上了双车道。目前安溪还在积极推进城区"大三环"建设，进一步优化县域交通结构。

二、案例启示：数字技术可有效促进传统产业升级

安溪县的成功实践表明，通过广泛应用数字技术和加速新兴产业发展可以有效促进传统产业升级和地区经济全面发展。数字技术不仅提升了生产效率，还拓宽了产业发展新路径，尤其是在农业管理和电商扶贫方面展现出显著成效。同时，安溪县在优化营商环境和人才政策方面的成功经验也为其他地区提供了可借鉴的宝贵模式。

第十三章
产业振兴类

第一节　重庆梁平：智慧农业引领乡村振兴，打造鱼菜共生数字农业新范本

重庆市首个"鱼菜共生"数字工厂坐落在重庆市梁平区，旨在通过种养循环、绿色高效、资源节约和智能智慧的方式，推动智慧农业的发展。该数字工厂建筑面积为 7793 平方米，第一层用于养鱼，第二层用于种植蔬菜，实现了鱼与蔬菜的共生共存。重庆梁平鱼菜共生数字农业案例是一个集成了先进技术、智能化管理和循环农业理念的现代农业实践项目，它不仅提高了农业生产效率和产品质量，还促进了乡村振兴和可持续发展，为智慧农业的发展提供了新的思路和模式。

梁平鱼菜共生数字工厂采用了 AI 技术，通过智能投喂、供氧、控温、粪污处理等技术手段，提高了养殖效率和蔬菜产量。这种模式不仅减少了人力和能源消耗，还提升了生产效率和经济性。此外，该项目还利用物联网和 PLC 技术，通过连接传感器与 PC 站组成一套 PLC 控制的系统，实现了对鱼菜共生系统的精准监控和管理。

梁平鱼菜共生数字工厂的建设和运营，体现了数字农业在促进传统农业向智慧农业升级方面的重要作用。通过数字化转型，梁平区不仅提升了农业生产效率和产品质量，还促进了乡村振兴和可持续发展。该项目的成功实施，为其他地区提供了可借鉴的经验和模式，有助于推动全国范围内智慧农业的发展，如图 13-1 所示。

图 13-1 重庆梁平鱼菜共生数字工厂

图片来源：实践考察现场拍摄

一、渔业资源可持续利用并带动相关产业链发展

通过智能化管理和数据分析，鱼菜共生数字农业能够实时监控和调整养殖环境，及时发现并解决养殖过程中的问题，这有助于提高养殖产品的质量和安全性。同时，这种模式还有助于减少环境污染，促进渔业资源的可持续发展。

鱼菜共生数字农业的发展还带动了相关产业链的发展，如智能设备制造、数据分析服务等，为当地经济发展注入了新的活力。通过数字经济赋能，梁平区的农业农村现代化水平得到了显著提升，这不仅提高了生产效率，拓宽了销售渠道，还推动了农业社区的协同发展。

鱼菜共生数字农业的推广和应用，还促进了渔业信息采集工作的数字化和网络化，加强了渔情信息的分析应用，提升了养殖渔情信息的服务功能。这不仅提高了渔业管理的效率和效果，也为渔业经济转型升级提供了有力的数据支持。重庆梁平鱼菜共生数字农业通过推动渔情信息采集常态化并推进数据和信息整合共享，不仅提高了渔业生产的效率和质量，促进了渔业资源的可持续利用，还带动了相关产业链的发展，对社会经济发展产生了积极影响。

二、科技助推，培育农业新质生产力

经济效益显著提升：鱼菜共生数字工厂的投用，预计年产值可达600万元，这不仅提升了梁平区的农业产值，也为当地经济发展注入了新的活力。通过高效的生产模式，实现了"一粒种子到一棵蔬菜"的流水线生产，年产绿色蔬菜和鲈鱼的数量也得到了显著增加。

1. 生态效益良好。鱼菜共生模式有效促进了生态环境的保护。该模式通过循环水养殖和精准监测预警系统，实现了养殖粪污零排放，种菜不施肥而正常成长，既提升了产能又兼顾了生态，实现了可持续发展。

2. 社会效益显著。鱼菜共生数字工厂的建设和运营，为当地提供了大量就业机会，有助于提高农民收入和生活水平。同时，通过推广鱼菜共生技术，促进了传统渔村向智慧渔场的转型，提升了农业生产的现代化水平。

3. 科技创新驱动农业高质量发展。鱼菜共生AI工厂的应用，展示了科技创新在农业高质量发展中的重要作用。通过AI技术的应用，实现了种养循环、绿色高效、资源节约、智能智慧的农业生产模式，为农业可持续发展提供了新的解决方案。

4. 推动乡村振兴战略实施。数字农业作为乡村振兴的有效引擎和重要任务，通过深入挖掘数字化对乡村振兴的促进作用，全面推动了农业升级、农村进步、农民发展。梁平鱼菜共生数字农业的发展，正是这一战略实施的具体体现，有助于实现农业农村现代化。

重庆梁平鱼菜共生数字农业在赋能乡村振兴方面，不仅带来了显著的经济效益，还促进了生态效益和社会效益的提升，同时推动了乡村振兴战略的深入实施和农业高质量发展。

第二节　陕西柞水：木耳产业迈向高质量发展的新篇章

陕西省商洛市柞水县，凭借优质的土壤和气候条件，成为黑木耳的知名产地。自2016年将木耳产业确定为县域主导产业以来，柞水县致力于推动木耳产业高质量发展。特别是自2020年习近平总书记考察柞水，提出了"小木耳大产业"的重要指示后，柞水县加快了数字赋能木耳产业的步伐，形成了产供销一体的数字化木耳产业体系，引领木耳产业链的转型升级和提质增效。柞水县以数字化转型为引擎，全面激活木耳产业的各个环节，实现了从传统产业向现代化、智能化产业的跨越式发展。

一、从研发到销售，全流程赋能

以下是柞水县数字赋能木耳产业的关键举措和取得的成效。

在研发领域，柞水县依托院士工作站、科技信息服务平台等多个技术研发平台，深入探索木耳病虫害防治、废旧菌包循环利用、富硒木耳培育技术等关键技术，成功培育出多个适生黑木耳品种，并开发出木耳饮料、保健品等深加工产品，大大拓宽了木耳的应用领域和市场前景。截至目前，已自主研发了适生黑木耳品种5个，并培育出了金木耳、玉木耳等珍稀食用菌新品种。同时，累计投入研发推广资金1300万元，支持引导精深加工企业自主研发木耳饮料、木耳休闲食品等系列产品22类98种，推动木耳由食品向药品、保健品、化妆品等精深加工领域和高端产品迈进。

在生产环节，围绕打造以"小木耳大产业"为产业链的百亿级绿色食品产业集群，柞水县将菌包工厂化、智能化生产作为重点工程，建成年产能达1亿袋的菌包生产线，成为全省规模最大的工厂化菌包供应地。依托国家级现代农业产业园和国家农业科技园核心区建设，深入探索智慧农业生产模式，打造金米、西川智慧农业种植示范园和柞水木耳

"U"形产业带，建成集温度、湿度、光照、通风和可视等自动控制于一体的智能联栋木耳大棚5座，配套安装智能监控、种植巡检机器人及物联网传感温控等设施，建设全程可视化、数字化的智能设施及农业生产管理系统，精准监测、智能反馈木耳生长期水、温、湿、光等关键要素，实现木耳种植数字化控制、智慧化生产，推动木耳栽植向木耳新品优品科技服务基地和示范栽植基地转变，如图13-2所示。

图 13-2 两山夹峙的金米村种植示范园

图片来源：《农民日报》

在质量管理方面，柞水县建立木耳产业"两个标准""三大体系""四项规程"，加强经营主体监管名录、生产记录、质量安全承诺等全流程管理，7家规模化经营主体进入市级农产品质量安全监管平台。联合阿里云、西北大学建成全国首家木耳大数据中心，开发市场信息、生长监测、农事咨询、质量追溯"四大模块"，累计获取国内木耳生产、销售、价格等信息60余万条。物联网系统覆盖重点企业和村（社区），发送技术检测信息4万余条、木耳技术网上咨询4000余次，为柞水木耳产业发展提供了精确的数字技术支撑。建立木耳质量安全云数据平台和柞水木耳"二维码"全程溯源体系，全面推行例行监测、二维码追溯、质量安全信用、诚信档案等制度，定期发布质量检测信息报告，先后为6家企业创建溯源二维码，实现从消费端到生产端的全链条信息溯源，全方位、全过程提升木耳产品质量。

当地村民在采耳

图片来源：《农民日报》

在销售端，柞水县充分利用互联网和电商平台的优势，打造了"政府+合作社+农民+电商+网播"的五方联动营销机制，将柞水木耳推向了全国乃至国际市场。通过举办网络直播活动、进入大型超市和电商平台等方式，柞水木耳的知名度和影响力不断提升，网络销售额也实现了快速增长。通过"引进+培育+传统企业升级"方式，大力扶持一批本土电商企业，着力培育柞水木耳优质"网红"品牌，2022年柞水木耳网络销售额达5600余万元。依托县电商服务中心，柞水木耳进入"盒马鲜生"超市、京东"云仓"等，广泛开展"我为家乡柞水代言"系列活动，举办"山地农产品直播月"等网络直播活动960场次，全面推介以柞水木耳为主的农特产品，网络点击率超过 13 亿次，实现柞水木耳享誉全国。

柞水县副县长首次尝试直播带货

图片来源：武汉壹周

二、经验启示：数字化转型推动产业的全面升级和转型

柞水县的成功经验表明，数字化转型是推动农业产业高质量发展的重要途径。通过加强技术研发、推进智能化生产、严格质量管理、拓宽销售渠道等措施，柞水县实现了木耳产业的全面升级和转型，为乡村振兴和农民增收致富开辟了新的道路。

第三节 江西广丰：数字赋能，柚农"智"富

广丰区，坐落于江西省东部，地处浙江、江西、福建三省交会的黄金地带，是长三角与海西经济区的重要连接点。这里地理位置优越，交通便利，距离上饶高铁站和三清山机场分别仅需 15 分钟与 20 分钟车

程。随着上浦高速的建设步伐加快，广丰区的区位优势和对外开放合作的前沿地位将进一步凸显，成为区域经济发展的新引擎。

在这片充满活力的土地上，有一种特产格外引人注目——马家柚。这种红心柚以其高单糖、低蔗糖的特性以及丰富的营养价值而广受好评，不仅获得了"国家地理标志保护产品"的殊荣，还荣获了"农产品地理标志保护"的双重认定，成为广丰区的一张闪亮名片。

一、主要做法及成效

广丰区在推动马家柚产业的发展上，可谓下足了功夫，走出了一条独具特色的乡村振兴之路。

（一）结合当地优势，促进马家柚产业蓬勃发展

广丰区充分利用其得天独厚的地理和生态优势，大力发展马家柚产业，使其成为上饶市优质特色农产品的佼佼者。目前，广丰区的马家柚种植规模已经达到了惊人的19万亩，其中500亩以上的基地就有50余家，百亩以上的基地更是多达300余个。这一庞大的产业规模不仅带动了5万户果农实现了增收，还创造了近20亿元的综合产值，成为广丰区经济发展的重要支柱。

为了进一步提升马家柚产业的影响力，广丰区围绕这一特色产业打造了乡村振兴示范园的高质量发展平台。这个平台占地351亩，拥有6000平方米的生产车间，一期工程已经建成68亩，并成功引进了五家现代农业企业，为马家柚产业的持续发展注入了新的活力。

（二）融入数字经济，寻求广泛合作

在数字经济的浪潮中，广丰区敏锐地捕捉到了发展机遇。他们依托阿里巴巴集团的多个平台，如菜鸟、淘宝买菜、盒马、阿里云和饿了么等，形成了种产供销全链路的技术和资源优势。通过这些深度合作，广丰区致力于将马家柚打造成种产供销闭环链的管理标杆，以数字化赋能提升产业品牌知名度和影响力，助力农户实现增产增收。

（三）利用数字手段，强化生产管理与市场扩展

在推动马家柚产业的发展过程中，广丰区注重引入数字化管理理念和技术手段。他们建立了马家柚数智农场平台，运用水肥一体化智能灌溉系统、物联网监测设备等先进技术，实现了从生产到销售的全过程监控和管理。这些高科技的应用不仅大大提高了产业的管理效率，还优化了产业链的每一个环节，使马家柚的品质和市场竞争力得到了显著提升。

二、案例启示：提升品牌影响力

广丰区马家柚产业的发展及其数字化转型之路，为我们提供了宝贵的经验和启示。

（一）产业与地理优势结合

充分利用自然和地理优势，发展与之相符的特色产业，可以显著提升地区经济的竞争力。广丰区正是凭借其得天独厚的地理和生态条件，大力发展马家柚产业，才取得了如此显著的成效。

（二）数字化赋能

引入数字化技术和管理模式，能有效提升传统农业产业的效率和质量，增强市场竞争力。广丰区通过与阿里巴巴等数字平台的合作，实现了马家柚产业的数字化转型，为传统农业的发展注入了新的活力。

（三）产销一体化

通过构建从生产到销售的全链条管理系统，能更好地满足市场需求，增加农产品的附加值，为农户创造更多收益。广丰区建立的马家柚数智农场平台和乡村振兴示范园，正是产销一体化模式的生动实践。

（四）合作与平台支持

与大型技术和销售平台的合作，可以为传统农业带来创新的销售模式和市场扩展机会。在全球化和电子商务快速发展的今天，这种合作模式显得尤为重要。广丰区与阿里巴巴等企业的合作，无疑为其马家柚产业的快速发展提供了有力支持。

通过这些宝贵的经验，广丰区不仅在本地区内提升了马家柚的品牌影响力，也为其他地区提供了如何通过数字化手段促进乡村振兴和农业现代化的生动案例。在未来的发展中，广丰区将继续深化与数字经济的融合，推动马家柚产业向更高水平迈进，为乡村振兴和农业现代化贡献更多力量。

第四节　山东高青：数字化赋能黑牛产业全链发展

在山东省淄博市，有一个被誉为国内知名畜牧业基地的地方——高青县。这里，特别是在黑牛产业方面，已经取得了令人瞩目的成就。自2003年成功培育出第一代"高青黑牛"以来，经过20多年的不懈努力和发展，高青县已将这一品种打造成为国内外认可的高端肉牛新种质。这一卓越的成就不仅得到了国家的广泛认可，还荣获了国家地理标志商标认证，成为高青县的一张闪亮名片。

如今，在数字化发展的浪潮中，高青县更是紧抓机遇，利用入选国家数字乡村试点县的契机，积极推进数字技术在畜牧业中的应用。特别是在黑牛产业的全链条数字化赋能方面，高青县正以期推动畜牧业的高质量发展，为乡村振兴和农业现代化注入新的活力。

高青县在推动数字牧业发展方面，采取了一系列创新举措，成效显著。

一、构建数字牧业发展新生态

为了解决畜牧业发展中存在的政策落实难、补贴申请程序繁琐、产品质量溯源不准确等问题，高青县在数字牧业生态构建上进行了大胆创新。通过政府、企业和社会的共同努力，县内形成了一个协同推进的生态系统。

政策集成支持模式：县委和县政府出台了一系列强有力的支持措施，如《关于支持高青黑牛产业加快发展的意见》。同时，针对企业发展需求，强化了要素资源供给，推行了"黑牛贷"和《鲁担农牧贷——高青黑牛产业集群服务方案》。这些措施通过政府引导和市场主导的协同推进机制，大幅提升了政策落实的效率，为黑牛产业的发展提供了有力保障。

龙头企业带动模式：高青县围绕本地龙头企业，实现了从养殖到屠宰再到销售的全链条数字化升级。养殖自动化、屠宰冷链物流智慧化和营销全媒体信息化等先进技术的应用，确保了从牧场到餐桌的每个步骤都在数字监控之下，极大地提升了产品质量和市场竞争力。

合作社共赢模式：为了提高农民收入，高青县探索建立了"龙头企业+养殖园区+合作社+养殖户"的利益共同体。特别是在唐坊镇建设的"牧光互补"黑牛养殖基地等多个规模养殖园区，采用订单式养殖和保底价收购模式，带动了地区内超过5000户养殖户的发展，显著提升了地区农民的年均收入，实现了真正的共赢。

二、创新产业链数字服务新模式

为了进一步推动黑牛产业的高质量发展，高青县创新建设了全产业链数字化综合性服务平台。

全要素数据库的构建：开发了"黑牛管家"App，并为每头高青黑牛配备了电子耳标和定位项圈。通过物联网信息采集和大数据分析技术，动态采集和分析全生命周期信息，为精准管理和科学决策提供了有力支撑。

信息共享流的畅通：完善了信息共建共享体系，接入430余个产业链关联主体，包括银行、保险公司、社会化服务机构等。实现了业务信息资源的共享和整合，提高了政务和社会化服务的效率和质量。

精准服务新场景的构建：通过"黑牛管家"扩展应用场景，实现了优惠政策的精准落实。改变了以往"人找政策"的模式，系统数据支撑政策实施，使得优惠政策能够"一键直达"，真正惠及广大养殖户和产业链相关企业。

三、案例启示：系统化、数字化的重要性

高青县通过全面数字化赋能黑牛产业的经验，为我们提供了以下重要启示。

系统化解决方案的重要性：通过构建全县"一盘棋"的管理格局和全产业链的服务平台，高青县系统性地解决了畜牧业发展中的多个问题。这种系统化的解决方案不仅提高了管理效率，还促进了产业的协同发展。

数字化转型的深远影响：全面的数字化转型不仅提高了政策执行效率，还通过精确的数据管理提升了整个产业链的质量和效率。数字化技术的应用使得畜牧业生产更加智能化、精细化，为产业的可持续发展奠定了坚实基础。

多方合作的力量：通过政府、企业及社会的合作，高青县形成了强大的产业支持系统。这种多方合作的模式为农业产业的可持续发展提供了坚实的基础，也为其他地区在推动传统产业升级及实现乡村振兴中提供了可借鉴的模式。

高青县的成功经验为其他地区在推动传统产业升级和实现乡村振兴方面提供了宝贵的实践经验。特别是在如何通过数字技术加速农业现代化方面，高青县的做法无疑为其他地区树立了典范。未来，随着数字技术的不断发展和应用，相信高青县的黑牛产业将继续焕发新的活力，为乡村振兴和农业现代化贡献更多力量。

第十四章
乡村治理数字化

第一节 山西岢岚：数字乡村建设经验与模式

宋家沟村，忻州市岢岚县宋家沟乡的一个小村庄，是岢岚县8个易地搬迁安置点之一，也是岢岚县宋家沟镇政府所在地，距离县城13公里，临209国道，是宋长城景区的必经之处，还是全市干部教育培训基地。党的十八大以来，为打赢脱贫攻坚战，解决"一方水土养不活一方人"的问题，当地政府组织实施易地扶贫搬迁。全村户籍人口626户1395人，耕地面积3182亩，林地面积5745亩，退耕还林地1400亩，被评为全国乡村治理示范村、全国乡村旅游重点村、全国文明村、中国美丽休闲乡村。宋家沟村围绕"环境美、产业美、精神美、生态美"乡村建设要求，推动美丽乡村建设，完成了全村206户新旧住房的庭院实施风貌整治和改造提升，新建卫生间、浴室等公用卫生设施，该项目已完成16个村145户265名贫困人口的易地搬迁。

一、依托数字技术，完善乡村智慧治理

山西移动围绕乡村综合治理、乡村治安、村务管理，打造了"数字乡村智慧大屏"和"和家亲App"两个输入型产品，并推出"3+N"产品体系，从监测到AI识别、智能喇叭+N个应用服务，不仅提升了乡村综合治理管理水平，还满足了村民打理家务、饲养看管等生活需求。在岢岚县宋家沟村，村民可以通过App可快速上报信息，监控覆

盖村里所有重点公共区域，并且全村已实现所有区域可视，村干部可以随时随地进行村务管理。忻州市岢岚县宋家沟镇宋家沟村的基本信息、异常告警、村内实时动态等在"数字乡村智慧大屏"上清晰可见，一目了然；当村民打开"和家亲App"，里面各种便民板块应有尽有，例如为民办事、综合治理、便民生活、教育专区、健康专区等，不仅如此，村民还可以网上挂号。打开信息上报专区可以看到之前上报过的信息。例如，村民某日通过此功能上报水管破裂，管理员在及时获取信息的同时回复信息已接收，这样就在村务管理中实现了线上收集、线下维护，极大地提高了工作效率。甚至村里的老人们只要抬头，就可以通过院里的5G智能摄像头和远在他乡的子女们随时通话、互报平安。同样，城里务工的年轻人也可以隔着手机屏幕向父母传递思念与牵挂。

二、政府主导，利用数字技术推动乡村数字金融及特色产业发展

为认真贯彻落实习近平总书记关于做强做优做大数字经济的重要指示精神，全面落实中共中央、国务院关于乡村振兴的战略部署，2022年8月10日，岢岚县人民政府办公室印发了《岢岚县"数通三信"助力乡村振兴"2＋N"试验区建设实施方案》的通知。将提升农户和新型农业经营主体融资便利性设为主要目标，以信息展现信用，以信用推动信贷，尽力以数字化方式打通农村地区信息、信用和信贷之间的隔阂，引导信贷资金向农户和新型农业经营主体倾斜，推动金融助力乡村振兴。建设数通"三信"助力乡村振兴"2＋N"试验区，促进农户和新型农业经营主体融资发展。["数"：涉及信用信息数据，包括基本信息、资质信息、偿债能力、司法诉讼、履约记录、信用评价等。"三信"：信息、信用、信贷三大经济范畴。"2＋N"试验区：指定以农村经济主体为两个重点方向（农户和新型农业经营主体），并探索N条路径来助力乡村振兴。]

确定支撑领域。选择传统特色产业和新兴优秀农业作为主要支撑对象。利用大数据资源和信息技术推动特色产业高质量发展。在试验期间以养羊业、豆类种植业、药茶、京东产业园等为主要支撑领域，实现"产业数字化、数字产业化"。将"晋岚绒山羊"作为育种数字化的突破口，在全县10个乡镇推广羊产业，提升品质和效率。

精准落实产业支持政策。建立优种羊推广主体名单，使用数字化技术进行全面画像。通过支农再贷款、支小再贷款、贷款风险补偿、融资担保、贴息贷款等政策引导金融资源。使用信用信息作为惠农政策的实施依据，精准倾斜优质羊产业。

多元数据的应用。在获得初步试点经验后，构建"乡村资产数字化"的农村信用体系。将新型农业经营主体信息与政府的重点产业信息推送给金融机构。确保特色产业与金融信息共享，实现金融服务的多渠道、全方位覆盖。

三、案例启示：农村经济整体提升

岢岚县旨在通过数字技术的应用深化乡村振兴战略，提高农业生产效率，优化金融资源配置，并促进农村经济的整体提升，展示了通过数字化手段可以有效提升乡村治理的效率和水平。如今，行走在宋家沟，随处可见的是宽阔洁净的街道、充满风情的民居、热情质朴的笑脸、水声潺潺的小渠。来自全国各地的游客都慕名而来体验这美丽的乡村之旅。凭借着自身努力和在各方面支持下，宋家沟逐渐摆脱了以前破旧、荒芜的村庄形象，成功转型为宜居、宜业、宜养、宜游之地，充分展现了宋家沟村新农村、新农业、新农民的崭新风貌。宋家沟村的经验表明，综合应用数字技术不仅能改善村民生活质量，还能促进乡村社会治理现代化。数字乡村建设为乡村振兴提供了新的思路和方法，特别是在信息化管理和服务方面，为其他乡村提供了可借鉴的模式。

第二节　河北永清：构建"一网五治"基层社会治理新体系

河北省廊坊市永清县积极推进以网格化服务管理为基础，政治、法治、德治、自治、智治"五治融合"的基层社会治理新体系。全县386个村街、9个社区划分网格590个，按照"一格一员"要求，全部配齐网格员，配备智能终端构建了包含问题感知、处理、结办、回访，以及群众评判为一体的闭环式流转机制。近两年，共排查上报各类矛盾纠纷11915件、治安隐患5086个、民生诉求8275件，办结率99%，群众满意率99%，全力打造"矛盾不上交，平安不出事，服务不缺位"的基层社会治理新格局。

一、夯实数字化管理新基础，完善一网五治"软硬件"

建设指挥中心，实现"一屏观全县"中心高标准建设"一网五治"指挥中心，配齐电子屏幕墙。在县综治操控服务台、应急指挥调度台等设备，"一网五治"网格划分、建设内容、管理机制等全部上墙，并接入天网工程智慧社区和一键式视频报警系统等，实时展示和切换相关系统和平台运行状况，实现"一屏观全县"。

搭建系统平台，事件流转"全闭环"。研发配备网格化服务管理和接诉即办两大系统，及时收集、处置群众诉求，系统根据上报问题进行分级处理，归口自动推送办理从矛盾纠纷、民生问题发现到办结回访、群众评判全流程实行"闭环式"流转、"一站式"服务，形成村（居）吹哨、部门报到、群众说事、干部解题的良好工作态势。

开发专属终端，服务管理"零距离"。为进一步发挥网格员职能、畅通信息渠道，开发"平安永清"App，可完整记录持有终端的网格员案事件上报、入户走访、普法宣传、巡线时长、案事件满意率、响应率、办结率等相关内容，大大提升信息收集和服务管理效率。同时，终端数据全部接入县级平台，系统定期统计排名，实现智能考核。

二、强化信息化数据新应用，促进服务管理上水平

建设智慧安防社区，提升便民服务效能。全县 178 个小区全部建成智慧安防社区，监控链路、视频信号全部接入县级平台，极大提高群众的安全感。同时，通过门禁公告辖区所队、社区、物业向业主精准投放防盗防诈、文明创建民生社保、停水停电等各类信息，服务质效全面提升。

强化流动人口管理，促进平安建设。为进一步加大流动人口和出租房屋清查管控力度，研发人户分离动态管控系统，实现了流动人口个人信息、分离原因、流出方向和租住房屋等数据的动态关联和智能查询，共清查登记流动人口 3.1 万余人，出租房屋 5223 处，为精准服务奠定坚实基础。扩大视频覆盖范围，提升管控水平。用高精度卫星照片、无人机倾斜摄影和三维建模等科技手段，实现永清卫星影像全域覆盖，重点区域实景还原。同时，选取重点区域制作三维视频，捆绑覆盖村街、道路等相关信息，达到可视化、实用化，着力提高社会治安掌控能力。

三、推动"五治"融合，着力提升基层社会治理效能

建强基层党组织，以"政治"强引领。统筹抓好农村党组织书记"选、育、管、用"，并依托"永清组工"微信公众号，及时发布包括党建重要事项、便民服务信息、业务宣传等内容。积极用好远程教育网，采取"线上与线下"相结合模式，对农村"两委"干部和党员进行全覆盖培训，不断强化农村党员干部教育管理。

构建良好村风民风，以"德治"强教化。以文明县城创建为抓手，持续打造文明村镇，对优秀案例做法利用政务新媒体转发，营造良好氛围。建设县级新时代文明实践中心 1 个、新时代文明实践所 12 个、文明实践站 30 个，并配齐视频互联设备。县、乡、村三级均成立新时代文明实践志愿服务队，并在"志愿云"注册。

强化自我管理，以"自治"强活力。由乡镇组织对村"两委"干

部每年进行民主评议,评议结果与村干部任用、工资等挂钩。依托各村街微信群,发布通知、组织活动、反馈信息,加强日常引导,对群内反映的问题,网格员及时介入处理。通过执行村规民约等,实现村民自我教育、自我管理,树立健康文明的新风尚。

推进法治建设,以"法治"强保障。县人民法院组织法庭庭长定期走访村街,向群众进行普法宣传,共创建"无诉讼乡镇、村(居)"123个;由律师、法律工作者在全县386个村街担任村居法律顾问,微信、电话全部上墙,随时提供法律服务。开设"法治永清"微信公众号,内设《永清小律》专栏,已有241万人次获得专业解答。

依托信息化建设,以"智治"强支撑。进一步强化县、乡、村三级综治中心与公安局先进设备联通共享,依托"天网工程""雪亮工程"等信息化系统,助推"智治"强根基、扩内容、提水平。依托专业公司和内部人才,对开发的平台系统以及终端软件进行定期维护和升级,不断优化功能设置,及时对网格员进行培训讲解,促进工作高效开展。

四、案例启示:及时开展业务培训

突出党建引领,强化组织保障。成立由县委、县政府主要负责同志任组长的"一网五治"基层社会治理体系建设领导小组,下设基层党建、综合治理等七个专项工作组,县委政法委认真履行牵头责任,发挥协调推动职能,围绕"五治"体系和平安建设任务,逐项落实责任。建立定期例会情况通报、督导检查等机制,确保各项工作扎实推进。

统筹整合资源,强化协调联动。在县级层面,由县综治中心牵头负责全县网格化服务管理和群众事项处置工作,并配备工作人员;在乡镇层面,以乡镇综治中心为依托,整合综治、信访办、司法所、法庭等人员集中办公,由政法委委员牵头,工作制度等全部上墙;在村(居)层面,由村(居)党组织书记任综治中心主任,组织开展服务工作。

专家团队驻场,强化技术支撑。通过服务公司专业人员驻场、单位内部技术人员助力等方式，为基层治理平台及终端 App 等日常应用和维保提供专业高效服务，面对新形势、新要求等，对相关软件平台进行升级完善，并及时开展业务培训，普及应用技术，提升基层网格员数字素养与技能。

第三节　浙江德清：数字赋能乡村智治

浙江省德清县位于长三角腹地、浙江省北部，是杭州都市区的重要节点县，也是全国综合实力百强县、浙江省首批美丽乡村示范县。该县利用 2018 年联合国首届世界地理信息大会在德清召开的契机，构建了浙江省第一个县域"城市大脑"智慧平台，并成为浙江省"城市大脑"建设应用的第一批示范点。2020 年，德清以"整体智治"理念赋能数字乡村建设案例入选浙江省改革创新最佳实践案例评选活动，以"建设全域数字治理试验区"案例成功入选全国"数字乡村建设典型案例（2020）"，在全国 20 个数字乡村建设典型县（区）中位列第一。2020 年11 月，德清入选首批国家数字乡村试点地区。

一、打造"一三五"数智治理框架体系

德清县通过多元化、系统化、动态化的数字平台建设，打造"数字乡村一张图"，构建了"一三五"的整体框架体系。"一"是指打造统一的数据后台作为乡村治理数据基础，它依托浙江省、市公共数据平台和城市大脑，通过政务数据接入、现场数据采集和物联感知设备推送等渠道而实现。"三"是指建立"一图一端一中心"的三模块应用支撑体系，即作为展示分析单元的数字乡村一张图，作为应用端的"浙里办""浙政钉"等移动应用，以及作为协调指挥单元的县域数字治理中心。"五"是指数字化应用的五大领域。"数字乡村一张图"聚焦乡村规划、乡村经营、乡村环境、乡村服务和乡村治理五大领域，依托大数据和地理信息技术，运用图像识别、遥感影像、北斗定位、三维实景地

图等技术，打造实时掌握乡村生产、生活、生态变化的"一图全面感知"平台，有效整合了58个部门的近9亿条基础数据，涵盖282个门类，实现了乡村物联网的数据整合、传输、处理和归集。通过布设视频监控、污水监测、智能井盖、智能灯杆、交通设施等物联感知设备，德清打造了一张触达乡村各角落的"物联感知网"，能够实时收集数据，分析公共基础设施的运行状态，实现了运行设备的自动故障警报、村情民生的精准分析、多维记录和异动管理等功能。

二、数智助推乡村治理变"智理"

德清县通过数字化手段整合乡村治理力量，规范乡村治理流程，完善数字化场景功能建设，实现闭环管理。通过县域乡村数字治理中心的协调作用，政府职能部门、村民、社会组织、市场主体等共同参与到村庄数字化治理进程中，整合各镇（街道）及相关职能单位力量，通过分层分级、统筹调度、协同解决乡村治理各领域事务，打通了村民端、基层治理端、后台决策端通道，形成全领域的数据闭环治理体系。运用图像识别、卫星定位、遥感影像、三维实景地图等技术，构建乡村全领域数字化治理体系。

三、数智赋能政务服务创新

德清县以政务服务为中心推进数字化服务程序建设，提高乡村治理效率。借助电子政务技术，德清县为基层农村对接了一体化的政务服务平台，显著提高了医疗健康、智慧养老、乡村旅游等各类智慧民生服务的效率和便捷程度。大力推动浙江省"最多跑一次"改革向农村延伸，并以"浙里办""我德清"等一站式数字生活服务平台为载体，致力于通过推进行政事项网上办、掌上办，以实现在线求职、慢病管理、助残养老等民生服务从"最多跑一次"到"一次都不用跑"的转变。除此之外，推进"一网通办""申请零材料、填报零字段、审批零人工、领证零上门、存档零纸件"的"智能秒办"事项，借助智能化、综合化的自助终端设备建设，在公共服务领域推行"无感智办"。通过数字化党建平台，优化智慧决策与干群沟通，村民可以及时了解村务状况与村干部的治理表现，并深度参与村庄事务，从而形成更加符合民意的公共决策。利用信息化管理手段，打造实体公示区、掌上客户端、数字治理平台的"三位一体"的基层政务公开体系，充分保障了基层群众的知情权、参与权和监督权。数据显示，德清整合权力运行系统、浙江政务服务网德清平台及"浙政钉"，实现政务服务事项"网上办"97.13%，"掌上办"81.11%，跑零次79.41%，电子材料提供率30.42%，民生服务事项"一证通办"100%，完成37个部门1367个事项与一窗受理平台对接，推进政务服务一体机镇（街道）全覆盖。

四、案例启示：从"治"向"智"转变

德清的数字乡村治理工作不断开拓进取，积极适应数字化时代要求，从数字化系统的平台建设、数字化场景的功能建设，以及数字化服务的程序建设三个方面来推进整体智治，实现从"治"向"智"转变，打造乡村智治的县域样本。这一实践提供了对其他地区乡村数字化治理的重要启示，显示了数字化的力量在推动治理现代化、增强公共服务能力方面的巨大潜力。

第十五章 乡村绿色发展数字化

第一节　黑龙江建三江：打造农业新质生产力实践地

深入贯彻落实习近平总书记关于垦区重要讲话重要指示精神，牢记习近平总书记考察北大荒集团建三江时"农业要振兴，就要插上科技的翅膀"的殷切嘱托，建三江承载着现代化大农业建设排头兵和维护国家粮食安全压舱石的重要使命，抢抓发展机遇，充分发挥建三江区域资源禀赋和产业基础优势，全面推进数字化驱动生产经营、产业发展和企业治理等领域的深层次改革，实现"一张图规划、一张网联通、一盘棋推进、一站式服务、一体化应用"的"数字三江"建设总体目标，打造以高科技、高效能、高质量为特征的农业新质生产力实践地。

一、数字化赋能，北大荒助力黑土地绿色发展

建三江分公司隶属于北大荒集团，位于美丽富饶的三江平原东部，地处黑龙江、乌苏里江、松花江冲积而成的河间地带，辖区总面积1.24万平方千米，现有15个大中型农场，耕地面积1209万亩，是国家重要的商品粮食生产基地，年粮食生产能力700万吨，年均产量约占黑龙江省的1/11、全国的1/100。建三江着力发展科技农业、绿色农业、质量农业和品牌农业，农业科技贡献率77.07%，农业机械化率99.8%，城镇化率97%，是生产绿色有机食品的摇篮，被誉为"中国绿色米都"，2023年建三江品牌价值突破152.69亿元，如图15-1所示。

图 15-1　北大荒建三江国家农业科技园区

图片来源：实践考察现场拍摄

二、加强数据应用，塑造数字农业发展新引擎

近年来，以物联网、大数据、云计算和人工智能为代表的数字技术蓬勃发展，建三江乘势而上，积极促进数字技术与现代农业融合发展，围绕"生产、管理、服务"全体系，推进"数字三江"建设发展进程。

（一）立足高标位，注重真需求，激发生产新动能

一是发展智慧农业。依托智慧农场系统与技术全国重点实验室分中心落户建三江的契机，建三江积极开展"耕、种、管、收"农业生产全环节关键核心技术攻关，已初步形成了一套可复制、可推广的数字农业集成应用解决方案。建成了全国最大的智慧农场集群。搭建了公司至农场、管理区的三级现代化通信网络专线 0.26 万皮长公里，实现"一网全覆盖"。运用地理信息、北斗定位、遥感等技术，完成了建三江自然资源数据采集底图建设，实现"一图观家底"。建成离线数据库，业务系统、物联网、遥感及非结构化数据存储总量 10TB，形成了涵盖农业全产业链的综合性数据资源库，算力价值赋能产业的功能，实现

"一库汇所有"。水稻三维变量施肥技术打破了国外技术垄断，通过自主创新开发了变量侧深施肥装置，实现了从处方图生成到插秧机智能执行、数据精准回传的业务链闭环，亩节肥10%，节本10元以上。在国内首创性地开发了首个基于寒地稻作生长实际的水稻作物生长模型，为大面积、大范围、大幅度实现粮食产能提升提供了强大数字工具。依托自主研发的植保处方系统，完成了主栽作物全场景数据采集、分析、处方图生成和识别、智能变量执行的闭环作业链，实现节药20%以上。中国工程院罗锡文院士盛赞建三江智慧农场建设"规模最大、设备最多、作业环节最全、技术最先进、无人化程度最高"。

北大荒数字农业展示馆

图片来源：实践考察现场拍摄

二是发展智慧水利。建三江围绕"设施完善、节水高效、管理科学、生态良好"和"需求牵引、应用至上、数字赋能、提升能力"的总基调，大力发展智慧水利建设，作为全国"数字孪生灌区先行试点"的全国第一大提水灌区青龙山灌区，控制面积990万亩，通过国家项目资金及自筹配套，积极发展水利"数字孪生"，建立了数字水利综合管理平台，集成了灌区、水资产、防汛抗旱等6大管理功能，通过空天地一体化感知、自动化控制、数字孪生和科学模型算法等技术，初步实现了预报、预警、预演、预案"四预"能力，年可节约水资源2.97亿立方米，有效提高了灌区综合运营管理水平。2024年3月，建三江"1332"节水模式，成功入选中国节水十大经典案例，为水资源节约集约利用、建设绿色生态现代化灌区提供了可借鉴的经验。

三是先进技术广泛应用。应用智慧荐种平台，为良种选育提供了数字化工具；智能双氧催芽技术，缩短催芽时间5~7天；叠盘暗室技术推广60万亩，缩短育秧周期5~7天，有效提高育苗质量；应用侧深施肥技术推广面积500万亩，实现亩节肥10%以上；生育全周期施肥施药植保无人机作业率90%以上。建设土壤、气象、病虫害监测、作物长势监测、智能闸门等各类物联网设备1.9万台套，实现数据的有效采集；北斗辅助直行导航设备应用1.2万台（套），为农业生产全程提供了强大的智能装备基础保障。

（二）强化高效率，优化全流程，深化管理新理念

一是以精准管理为切口，全域应用数字北大荒App。作为企业内部管理者的统一平台入口，建成了集农业资源、农业生产、经营管理、协同办公、生活服务等全场景、多领域的数字驾驶舱，为管理者提供了精准的、科学的决策依据。

二是以提高效率为主线，全面推进数字管控平台建设。开发建设了i北大荒（即时通信）、采购管理、差旅管理、我在三江有亩田、溯源管理、项目管理、党建管理、干部管理等13套业务管理系统，实现了以数字化技术为依托，建设了横向到边、纵向到底的协同管控平台，推进了人、财、物、资产及数据等企业核心资源全面贯通。其中债高标准农田项目管理系统，实现了大屏可视化展示、GIS联动、预警动态监督、科学决策分析等项目建设高效、规范、科学的全过程管理。

三是以业务需求为牵引，推广农业综合管理平台。通过应用耕地、林地、水利、农机、畜牧等10套业务系统，构建了信息互联、数据共

享、业务互通的一体化云平台底座。实现对分公司1209万亩耕地数据、地块历史产量信息、测土配方数据、气象数据、林地数据、农机数据等多维度动态收集，为农业生产的智能化、精细化、可持续化发展及资源优化利用提供了数据保障。

（三）打造高质量，突出便捷性，发展服务新优势

为种植户自主研发北大荒数字农服App，建设了核心业务、配套服务、辅助服务三大类十套系统功能，为种植户提供了线上合同签订、农业投入品采购、农贷申请、保险理赔、技术指导等"一站式"服务。2024年5月，北大荒数字农服App成功入选了《数字乡村建设指南2.0》案例，现平台累计注册用户达6.0182万人，土地承包线上收费50亿元，申请农贷14.46亿元，有效提升了企业数字化服务水平。2024年5月，分公司组建60人专业无人机飞巡服务队，填补了利用无人机收集农业生产数据的行业空白，在农业无人遥感、秸秆禁烧、远程实时调度、抗旱防汛、森林防火、防灾减灾、安全应急等全场景多领域发挥了重要作用，有效提升了分公司现代信息化技术的整体应用水平。

三、案例启示：现代化农业的基石、动力和根本

新基建是现代农业发展的基石。不同区域间互联网基础设施建设不完善，数据资源分散，覆盖率低，新一代信息技术衍生出来的基础设施发展不平衡，如何解决农业新基建低、小、散等问题是农业现代化发展的关键。

数据是现代农业发展的动力。数据作为关键生产要素的价值日益凸显，可优化资源配置，赋能数字经济，但数据治理体系不健全，供给质量不高、流通机制不畅、应用潜力释放不够等问题在现代农业发展中日益明显。

人才是现代农业发展的根本。数字化人才不仅是推动智慧农业、数字乡村发展的关键因素，更是为农业现代化注入智慧力量的重要源泉，系统培养数字化人才，将先进的技术和理念注入农业，才能实现农业产

业升级和可持续发展。

第二节 贵州余庆：数字赋能"小特产"升级"大产业"

贵州省遵义市余庆县因苦丁茶而脱贫，因苦丁茶而致富。近年来，余庆县坚持把茶产业作为"一县一业"主导产业来培育，以"余庆茶·干净茶"为抓手，坚持打生态之牌、走数字之路，实现苦丁茶产加销一体化，一二三产业融合发展。目前，余庆县小叶苦丁茶种植面积11.5万亩，年产值4.78亿元，品牌价值5.05亿元，如图15-3所示。

图15-3 余庆县茶园景区

图片来源：贵州省人民政府网

一、坚持"绿色发展"理念不动摇，优化数字茶业发展生态

完善政策支持体系，印发《余庆县数字乡村总体规划（2021—2025年）》，规范余庆小叶苦丁茶发展方向。实现苦丁茶种植面积达11.5万亩，建成智慧苦丁茶基地6个。制定《关于抓好茶叶质量安全

生产的通告》《关于禁止在茶园中施用违禁农药及其行为的通告》等"一揽子"政策，擦亮做响"余庆茶·干净茶"名片。开展质量安全检测，2017—2019年连续3年通过欧盟500余项标准检测，196个送检样合格率达97.83%；2020—2022年，抽取155个样本进行检测，合格率100%。加大执法检查力度，县主管部门联合市管、执法、卫健等部门，对茶园使用违禁农药、包装废弃物乱丢和清洁化加工等开展走访宣传和巡逻检查，全力保障"舌尖上的安全"。

茶农在茶园辛苦劳作

图片来源：天眼新闻/当代先锋网

二、坚持"提质增效"目标不动摇，创新数字茶园管理模式

以智慧产销对接为目标，致力于解决小农户有效连接大市场的"最前一公里"问题。打造全要素"数据库"，与农业农村部信息中心签约"余庆县数字乡村平台（一期）建设项目"，依托农业农村部信息中心推进农业农村信息化发展的知识储备和实践经验，利用物联网、大数据、区块链、人工智能等技术，开发余庆县数字乡村平台。依托数字乡村平台，采集和汇聚全县小叶苦丁茶市场主体在农业产业数字化、农业物联网、农产品质量安全、病虫害防控、市场销售等方面的资源，对

资源数据进行梳理、整合、分析，为全县小叶苦丁茶产业优化升级提供决策参考。

畅通信息"共享流"，完善信息共建共享体系，建设可视化茶园，关联茶叶经营主体（含作坊）83家，规模加工厂50家。通过在基地配备物联网智能监测系统、物联网智能控制系统、无人机施药等数字化设备，对小叶苦丁茶进行数字化管控，实现物联网远程在线监测以及远程调控。平均每亩茶叶节约人力成本费用800元，产量提高8.7%。2020年茶叶产量6637吨、综合产值5.78亿元，2021年茶叶产量7100吨、综合产值6.5亿元，2022年茶叶产量7800吨综合产值6.8亿元，经济效益增长8.8%。

丰富应用"新场景"，通过技术改造、设备更新实现传统加工向数字化加工的转型跨越，以杠杆效应撬动茶产业大发展。2022年，全县落实并运作11个苦丁茶鲜枝条清洁化加工点，取代传统家庭式作坊"蒸晒"加工方式，年加工苦丁片茶2000余吨。

三、坚持"数字赋能"方式不动摇，丰富数字经济发展业态

用好中国小叶苦丁茶余庆指数。联合中国农业科学院农业信息研究所、农业农村部信息中心和贵州省农业信息中心编制发布中国小叶苦丁茶余庆指数，为全国小叶苦丁茶产业提供客观、科学、量化的市场价值基准，成为市场的"风向标、晴雨表、避雷针"。余庆县成功掌握竞争主动权，逐步形成"中国小叶苦丁、贵州余庆定价"的基本格局。指数上线发布后已经带动余庆小叶苦丁茶产值增加约1350万元，小叶苦丁茶生产经营主体平均增收70万元。

畅通农产品进城出山的关键渠道。加快构建现代化服务体系，整合重点民营快递公司，为余庆县"余货出山"和"网货下乡"打通了双向通道，实现了县到乡、乡到村的进出口包裹邮件统一物流快递，解决了农村电商服务群众的"第一公里"和"最后一公里"。

用好农村电子商务销售平台。建设综合性电商产业园，将小叶苦丁

茶与电商产业对接融合，形成相互促进、共同发展的"新业态"。以大数据为引领，通过京东、物流集团等平台进行网络营销，推动"余茶出山"，直接或间接带动720户贫困户参与茶产业建设，户均茶叶收入1.8万元。

四、案例启示：以数字赋能为引擎

余庆县坚持政策指导、数字茶业、提质增效和茶旅融合四大方向。通过出台系列政策配套机制文件，全力打造"贵州干净茶品牌县"。同时，余庆县还将数字茶业纳入数字乡村产业数字化统筹规划，推进数字茶业示范区建设，实现小叶苦丁茶发展的整体性数字化。此外，余庆县还注重提质增效和茶旅融合，通过扩大种植面积、引入加工企业、延伸产业链条等措施，推动苦丁茶产业持续健康发展。

余庆县以数字赋能为引擎，推动苦丁茶产业从"小特产"向"大产业"华丽转身。未来，余庆县将继续深化数字化转型，加强科技创新和人才培养，不断提升苦丁茶产业的竞争力和可持续发展能力，为当地经济发展和乡村振兴作出更大贡献。

参考文献

中文参考文献

[1] 安溪县人民政府. 安溪：集聚产业新动能 撬动发展新引擎 [EB/OL]. [2021-07-01]. http://www.fjax.gov.cn/zwgk/ztzl/rdzt/gzlfz/202107/t20210714_2587679.htm.

[2] 苍云. 全力以赴保障国家粮食安全 [N]. 奋斗, 2024-10-05.

[3] 曹惠君. 纳溪特早茶助力新春致富 [EB/OL]. 中华人民共和国农业农村部. [2023-02-15]. https://www.sc.chinanews.com.cn/bwbd/2023-02-15/181875.html.

[4] 曾娅. 为农业赋能为农民注智 [N]. 人民邮电, 2023-03-03 (003).

[5] 陈昌华, 杨家超, 杨小杰, 等. 乡村振兴背景下四川农村自然灾害应急能力提升路径 [J]. 西部经济管理论坛, 2022 (5): 8-14.

[6] 陈春良. 荷兰、日本、以色列设施农业发展经验与政策启示 [N]. 中国经济时报, 2016-08-08 (005).

[7] 陈伟. 突发公共卫生事件治理模式探索：基于风险社会理论视角 [J]. 北京航空航天大学学报：社会科学版, 2023, 36 (1): 101-112.

[8] 陈长喜, 张万潮. 基于新一代信息技术的肉鸡数智化生产研发与应用 [J]. 中国禽业导刊, 2023, 40 (8): 12-17.

[9] 程建平, 魏子凯. 农村社区应急管理中的突出问题及其对策

[J]．哈尔滨师范大学社会科学学报，2021（2）：49－53．

［10］程建润．城镇化进程中的村镇住宅发展战略研究［D］．北京：北京交通大学，2013．

［11］崔凯．数字技术为传统农业带来更多可能性［J］．湖南农业，2023（10）：52．

［12］崔磊．农业大数据建设的需求、模式与单品种全产业链推进路径［J］．大数据，2019，5（5）：100－108．

［13］德清县民政局．德清县—平台—系统多维集成，助推智慧社区建设［EB/OL］．湖州市民政局网．［2021－08－27］．https：//mzt.zj.gov.cn/art/2021/8/27/art_1632804_58925874.html．

［14］邓国庆．科技创新提升巴西农业核心竞争力［N］．科技日报，2021－09－28（004）．

［15］段华斌．农业大数据应用的前景分析［J］．中国农业资源与区划，2021，42（10）：143－144．

［16］段凯，陈美．陕西省柞水县木耳产业发展现状及对策［J］．农业工程，2022，12（1）：158－160．

［17］法成迪．政府补贴与税收优惠并行对企业创新的激励效果研究［D］．济南：山东大学，2020．

［18］李锦萍，许夏．威福建安溪："数字赋能"为发展添动力［N］．人民日报，2022－11－25．https：//baijiahao.baidu.com/s？id＝1750454638515127583．

［19］福建省人民政府．安溪打造闽西南数字"大脑"［EB/OL］．［2022－01－20］．http：//www.fujian.gov.cn/zwgk/ztzl/gjcjgxgg/xld/202201/t20220120_5821051.htm．

［20］高峰，王剑．数字乡村建设的国际经验及启示［J］．江苏农业科学，2021（23）：1002－1302．

［21］高平市大数据中心．高平市：推动市乡村三级政务服务体系标准化规范化便利化建设［EB/OL］．高平市人民政府网．

[2022 – 05 – 09]. https：//www.sxgp.gov.cn/ggsj/dt_1352/202204/t20220422_1588604.shtml.

[22] 顾君, 齐晓军, 等. 农业单品全产业链大数据平台设计与实现 [J]. 农业大数据学报, 2021, 3 (1)：73 – 80.

[23] 郭嫄. 永州市应急综合监管体系和应急指挥调度体系"一网四图"系统建设工作新闻发布会答记者问 [EB/OL]. 北青网. [2022 – 12 – 29]. https：//yjt.hunan.gov.cn/yjt/xxgk/gzdt/sxgz/202212/t20221229_29170818.html.

[24] 郝新军, 沈朝阳. 农村电商赋能乡村振兴成效评价与障碍因素分析 [J]. 西安财经大学学报, 2022, 35 (5)：40 – 52.

[25] 贺昌茂. 数字乡村如何赋能乡村治理能力现代化 [EB/OL]. 长江网. [2022 – 05 – 09]. http：//news.cjn.cn/bsy/gnxw_19788/202209/t4243180.htm.

[26] 贺桂和. 虚拟社区、电子社区等相关概念的辨析 [J]. 科技创业月刊, 2007 (5)：163 – 165.

[27] 胡磊, 齐海领, 刘小勇, 等. 视联网技术在数字乡村信息化建设中的应用探析 [J]. 广播电视网络, 2022 (9)：35 – 37.

[28] 黄瑞清. 荷兰农业知识信息系统以及对中国农业发展的借鉴作用 [J]. 中国农业科技导报, 1999 (3)：54 – 58.

[29] 黄欣. 以党建工作为统领 推动乡村振兴战略实施[J]. 中文信息, 2019 (8)：13 – 1033.

[30] 黄祖辉. 我国数字乡村建设与发展挑战 [J]. 农产品市场, 2022 (23)：49 – 51.

[31] 江洪. 日本数字化农业发展对我国的启示 [J]. 南方农业, 2018, 12 (29)：3.

[32] 姜斌, 刘畅. 为什么是北大荒集团? [N]. 黑龙江日报, 2022 – 08 – 11.

[33] 蒋和平, 宋莉莉. 巴西现代农业建设模式及其借鉴和启示

[J]．科技与经济，2007（4）：40－43．

［34］李灏妤．全国政协委员王子华：运用数字化手段提升乡村应急管理能力［EB/OL］．人民政协网．[2022-03-14]．https://www.rmzxw.com.cn/c/2022-03-14/3073330.shtml．

［35］李道亮．我国数字乡村建设的重点、难点及方向［J］．国家治理，2021（20）：21－26．

［36］李全新，张怀志，李翰政．苏北乡村振兴模式研究：以江苏省东海县为例［M］．北京：中国农业科学技术出版社，2021．

［37］林逢玉．上海松江区农村电子商务发展对策研究［D］．重庆：重庆师范大学，2023．

［38］刘少杰．数字乡村建设悬浮的成因与对策［J］．中国农业大学学报：社会科学版，2022，39（5）：5－12．

［39］刘可．在线政务服务的数字包容：挑战及实现路径［J］．武汉工程职业技术学院学报，2022，34（4）：67－73．

［40］刘玲．巩固拓展脱贫攻坚成果持续推进洛川乡村振兴［J］．新西部，2021（11）：150－151．

［41］刘珅，喻玲．算法个性化推荐商业应用、消费者损害及其多元救济［J］．江南大学学报：人文社会科学版，2022，21（4）：58－69．

［42］刘晓璐，石岩，高鹏飞．"慧"风吹遍万顷田［N］．北大荒日报，2025-01-02．

［43］刘学涛．行政法典编纂进路中数字政府的形塑［J］．法治社会，2022（1）：21－32．

［44］刘有才．农村数字党建如何引领数字乡村建设［EB/OL］．中国农村网．[2022-04-09]．http://journal.crnews.net/ncgztxcs/2022/dbq/gzsj/947021_20220427105207.html．

［45］娄梦朦．信息技术推动基层网格流程再造的路径与优化研究［D］．上海：华东政法大学，2023．

233

[46] 路老二. "菠萝的海"如何打造产业链?[J]. 商界(评论), 2021(3): 84-87.

[47] 陆利明, 王丽媛, 等. 上海市浦东新区数字化助力农业产销对接研究[J]. 上海农业学报, 2023, 39(2): 115-120.

[48] 马玉荣. 如何以数字乡村建设激活乡村振兴新动能[J]. 中国发展观察, 2021(11): 42-45.

[49] 毛高杰. 基层党组织嵌入的乡村社会治理分析[J]. 领导科学, 2021(20): 106-109.

[50] 梅燕, 鹿雨慧, 毛丹灵. 典型发达国家数字乡村发展模式总结与比较分析[J]. 经济社会体制比较, 2024(3): 58-68.

[51] 农业农村部信息中心. 中国数字乡村发展报告(2022年)[R]. 北京: 农业农村部新闻办公室, 2023.

[52] 裴永刚, 索煜祺. 荷兰学术数据库"走出去"的国际经验及启示[J]. 编辑之友, 2023(3): 107-112.

[53] 彭鹏, 谢炳庚, 侯伊林. 关于"数字农业"[J]. 农业现代化研究, 2000(4): 254-256.

[54] 商务部. 培育电商产业助力精准扶贫[EB/OL]. [2020-10-20]. https://dzswgf.mofcom.gov.cn/news/42/2020/10/1603171094679.html.

[55] 商务部, 中央网信办, 发展改革委. 关于印发《"十四五"电子商务发展规划》的通知[Z]. 中国对外经济贸易文告. [2022-02-23]. http://file.mofcom.gov.cn/article/zcfb/zcwg/202202/20220203282001.shtml.

[56] 沈费伟, 杜芳. 数字乡村治理的限度与优化策略: 基于治理现代化视角的考察[J]. 南京农业大学学报: 社会科学版, 2022, 22(4): 1671-7465.

[57] 施建平. 食品和包装机械行业: 与互联网智能化深度融合[N]. 中国食品报, 2017-10-30.

[58] 孙九林, 李灯华, 等. 农业大数据与信息化基础设施发展战略研究 [J]. 中国工程科学, 2021, 23 (4): 10－18.

[59] 孙威, 杨宏生. 数字赋能 智慧旅游适老化服务提速 [EB/OL]. 中国商报. [2022－12－29]. https：//baijiahao. baidu. com/s？id＝1753526868476947019.

[60] 滕光辉. 畜禽设施精细养殖中信息感知与环境调控综述 [J]. 智慧农业, 2019, 1 (3): 1－12.

[61] 滕欢, 李聪聪. 乡村振兴战略背景下数字乡村建设模式及实施路径 [J]. 河北农业大学学报: 社会科学版, 2021, 23 (3): 74－80.

[62] 田康, 郭亮. 高平市三级政务服务体系便民利企 [N]. 太行日报, 2022－08－23 (002).

[63] 王丹. 乡村"技术赋能"研究 [D]. 南京: 南京农业大学, 2020.

[64] 王瑞, 李建军, 等. 全方位推动高质量发展背景下山西省数字乡村建设研究 [J]. 农村经济与科技, 2023, 34 (5): 132－134.

[65] 王胜, 余娜, 付锐. 数字乡村建设: 作用机理、现实挑战与实施策略 [J]. 改革, 2021 (4): 45－49.

[66] 王晓丹, 沈思强. 大数据在水果冷链供应链中的应用 [J]. 中国果树, 2021 (1): 100－103.

[67] 邢振江. 数字乡村建设的国家逻辑 [J]. 吉首大学学报: 社会科学版, 2021, 42 (6): 58－68.

[68] 徐畅. 韧性视角下农村社区公共卫生安全风险防范研究 [D]. 南宁: 广西大学, 2023.

[69] 严东伟. 国内外发展数字农业情况及经验 [J]. 云南农业, 2019 (5): 48－50.

[70] 杨印生, 陈旭. 日本农业机械化经验分析 [J]. 现代日本经济, 2018, 37 (2): 10.

[71] 杨雨馨. 基于混合模型的农作物种植推荐研究 [D]. 武汉: 华中科技大学, 2023.

[72] 尹义蕾, 陈永生, 程瑞锋, 等. 荷兰设施园艺智能化生产技术装备考察及启示 [J]. 农业工程技术, 2018, 38 (34): 75-81.

[73] 易法敏. 广东徐闻县"菠萝的海"是如何建成的? [J]. 农村工作通讯, 2023 (4): 33.

[74] 永州市融媒体中心. 市县域社会治理现代化创新: 中国电信永州分公司"平安智慧乡村 智慧社区"建设巡礼 [EB/OL]. 永州新闻网. [2020-12-10]. https://baijiahao.baidu.com/s?id=1685745458356186900&wfr=spider&for=pc.

[75] 曾志远. 吉安市: "四化四早"防返贫构建"遇困即扶"新机制 [J]. 老区建设, 2022 (8): 69-72.

[76] 张传亚. 江苏东海: 大手笔打造"水晶之都" [J]. 中国建设信息, 2022 (288): 53-54.

[77] 张明军. 巴西农业发展现状与展望 [J]. 农业展望, 2021, 17 (10): 110-115.

[78] 张朋辉, 刘玲玲, 岳林炜. 智慧农业方兴未艾: 来自一些国家的报道 [N]. 人民日报, 2022-06-29 (015).

[79] 张洽棠. 普惠数字社区为数字经济发展带来新动能 [N]. 中国经济导报, 2023-01-31 (007).

[80] 张玉西. 柞水: 持续做强做优木耳全产业链条 [EB/OL]. [2024-05-27]. https://www.shangluo.gov.cn/nync/info/1017/4961.htm.

[81] 张蕴萍, 栾菁. 数字经济赋能乡村振兴: 理论机制、制约因素与推进路径 [J]. 改革, 2022 (5): 79-89.

[82] 赵鹏善. 农业数字化发展对城乡收入差距影响的研究 [D]. 沈阳: 辽宁大学, 2022.

[83] 郑彬. 荷兰创新助力农业发展 [J]. 致富天地, 2020

(7): 79.

[84] 郑磊. 美日智慧农业发展对我国的启示 [J]. 农业与技术, 2021, 41 (3): 174-176.

[85] 中国电子技术化研究院.《数字乡村标准化白皮书 (2024)》发布 [J]. 信息技术与标准化, 2024 (3): 49-49.

[86] 周甡芳, 范浚, 等. 上海农业大数据标准体系建设思路研究 [J]. 上海农村经济, 2022 (2): 36-38.

[87] 周洪飞, 吴浩宇. 余庆县: 数字赋能 推动余庆茶全产业链升级发展 [EB/OL]. [2023-07-26]. https://baijiahao.baidu.com/s?id=1772479213725289559.

[88] 第1眼-重庆广电. 重庆首个鱼菜共生数字工厂在梁平正式投产 [N]. 农业农村部, 2023-03-16.

英文参考文献

[1] Avila T J T, Lanza B B B, Valotto D S. Digital transformation, technology andinnovation in Brazilian states: the pathways proposed by governors elect 2023-2026 [C] //Proceedings of the 16th International Conference on Theory and Practice of Electronic Governance, 2023: 332-339.

[2] Blackmore, S., Apostolidi, K. and Fountas, S. FutureFarm: Addressing the needs of the European farm of the future: Findings of the first two years [J]. IFAC Proceedings, 2010, 43 (26): 1-17.

[3] Kumar, I. Digitalisation of Dutch Agriculture: Implications of reducing Nitrogen pollution from livestock cultivation [J]. Science for Sustainability (S4S) Journal, 2021, 4 (1).

[4] Milics, G., Matečný, I., Magyar, F. and Varga, P. M. Data-based agriculture in the V4 countries-sustainability, efficiency and safety [J]. Scientia et Securitas, 2022, 2 (4): 491-503.

[5] Mukhamedova, K. R., Cherepkova, N. P., Korotkov, A. V.,

et al. Digitalisation of agricultural production for precision farming: a case study [J]. Sustainability, 2022, 14 (22): 14802.

[6] Pivoto D, Laimer C G, Mores G D V, et al. Smart Farming In Brazil: An Overview Of Technology, Adoption And Farmer Perception [J]. Revista Brasileira de Gestão e Desenvolvimento Regional, 2023, 19 (1).

[7] Stradioto L, Frazzon E M. Digital transformation in Brazilian industry: bridging theory and practice [J]. Production, 2023, 33: e20220076.

[8] Verdouw CN, Bondt N, Schmeitz H, et al. Towards a smarter greenport: Public - private partnership to boost digital standardisation and innovation in the Dutch horticulture. International journal on food system dynamics [J]. 2014, 5 (1): 44 - 52.

[9] Verdouw, C. N., et al. Digital horticulture: adoption and enhancement of information management in the Dutch horticulture [M]. Proceedings of the 8th EFITA Conference, 2011: 204 - 214.